절망에서 빠져나오는 심리학

절망에서 빠져나오는 심리학

나를
살리는
생각의
기술

가토 다이조
지음

이지수
옮김

인북

살다 보면 내 힘으로는 도저히 어찌할 수 없는 일들이 있기 마련이다. 누군가는 지옥 같은 환경에서, 또 누군가는 천국 같은 환경에서 태어난다. 이는 운명이라고밖에 할 수 없다.

하지만 같은 지옥이라도 반응은 제각각이다. "이제 내 인생은 끝났어"라며 절망에 빠져버리는 사람이 있는가 하면, 타고난 불행을 넘어서려 애쓰는 사람도 있다. 과연 무엇이 이 두 사람의 차이를 만드는 것일까?

이 책은 그 차이의 근원이 '마음챙김'◆이라는 마음의 기술에 있다고 본다. 행복을 찾는 관점의 중요성을 이야기하며, 마음챙김을 통해 우리가 어떻게 절망적인 환경을 새롭게 인식하고 대처할 수 있는지 살펴보려고 한다.

다시 말해, 이 책은 절망감에 지지 않고 마음챙김을 하며 살아갈 수 있을지를 생각해 보는 책이라고 할 수 있다.

◆ '마음챙김Mindfulness'은 현재의 순간에 의식적으로 주의를 기울이며 있는 그대로 받아들이는 상태이다. 뒤에 나올 '마음놓침Mindlessness'은 과거의 범주나 자동적 인식에 지나치게 의존하여 현재에 대한 자각이 결여된 상태를 뜻한다.

목차

제2장 행복의 열쇠는 사물을 보는 관점에 있다

제3장 얽매이지 않는 유연한 머리로

제 1 장

'마음챙김'은 행복을 찾는 마음의 기술

»

쉽게 떼어낼 수 있는 접착제라는 관점

하버드대학의 엘렌 랭어는 실패와 성공에 대한 흥미로운 사례를 소개했다.

한 미국 기업이 접착제 개발에 실패했다. 큰 비용을 들여 시제품을 만들었지만 그 접착제는 너무 쉽게 떨어졌다. 하지만 이 결함품에서 '포스트잇'이라는 대 히트 상품이 탄생했다.

많은 노력을 들였지만 목표했던 물건을 만들어 내지 못했으니 이 개발은 명백한 실패였다. 발을 헛디뎌서 넘어진 부주의한 실수도, 운전하다가 한눈을 팔아 사고를 낸 멍청한 실수도 아니었다. 세심하게 주의를 기울이며 애썼지만 결과적으로 실패한 것이다. 개발자들의 낙담은 이루 말할 수 없이 컸을 것이다.

하지만 이 기업은 '쉽게 떨어지는 접착제'를 '쉽게 떼어낼 수 있는 접착제'라는 관점으로 바꾸었다. 눈앞의 현실 속에서 장점을 발견해 실패를 성공으로 연결시킨 것이다.

››

'열혈 회사원'을 낳은 것

일류 대학을 졸업하고 대기업에 들어가 소위 엘리트 코스만 밟아온 사람이, 노년에 이르러 우울증에 걸렸다면 그것은 성공한 인생일까, 실패한 인생일까? 반대로 엘리트 코스와는 거리가 멀고 경제적으로도 넉넉하지 않지만, 노년에도 가족들과 화목하게 지낸다면 그 삶은 성공일까, 실패일까?

'Success in business, failure in relationship.' 번역하면, 일에서는 성공했으나 인간관계에서는 실패했다는 말이다. 사람들은 왜 종종 진정한 자신을 외면하고 배신하면서까지 필사적으로 노력하여 성공하려는 걸까?

한마디로 답하자면 '나는 사랑받을 자격이 없다'는 깊은 절망감을 피하기 위해서다. 일에서는 성공했으나 관계에 실패한 이들은 견디기 힘든 이 감정을 외면하려 든다. 업무 성과를 통해 타인의 칭찬을 받으면 자기 절망감에서 벗어날 수 있다고 믿기 때문이다. 이것이 지난 시대 일명 '열혈 회사원'들의 사고방식이었다.

지금은 그런 표현을 잘 쓰지 않지만, 우울증 환자가 과거보다 급증한 상황을 보면 현실은 오히려 악화되었는지도 모른다. 실제로 일본에서는 사회적으로는 성공했으나 사생활은 파탄 난 경우가 드물지 않다.

프로이트는 "권위를 향한 노력Striving은 나르시시즘적 경향의 발현"이라고 보았다.[1] 나 역시 그 생각에 동의한다. 사람들은 권위를 얻음으로써 자신의 나르시시즘을 충족하려 든다. 따라서 무리하게 노력하여 엘리트 코스를 밟다 우울증에 빠진 사람 중에는 나르시시스트가 많다. 마찬가지로 열심히 노력했으나 실패하여 비뚤어져 버린 이들 또한 나르시시스트인 경우가 많다. 과연 이들의 인생을 성공이라 해야 할까, 실패라 해야 할까?

앞서 포스트잇 사례를 통해 관점을 바꾸면 실패도 성공이 될 수 있음을 이야기했다. 반대로, 무리하게 애를 써서 엘리트 코스를 밟았으나 끝내 우울증을 얻은 사람의 경우는 "관점을 바꾸면 성공도 실패가 된다"고 말할 수 있을 것이다.

요컨대 '성공인가, 실패인가'는 결국 관점의 문제다. 겉보기에는 성공 혹은 실패인 듯한 현실을 인생 전체라는 긴 호흡 속에서 어떻게 이해하느냐가 중요하다.

인생을 장기적인 안목으로 조망하는가, 아니면 그때 그때의 순간적인 시각으로 바라보는가. 이것이 큰 차이를 만든다. 자기 인생을 하나의 흐름으로 바라보는 사람과 특정 시기만 떼어놓고 보는 사람은, 똑같은 사실 앞에서도 전혀 다른 해석을 내놓는 법이다.

>>

인어공주가 불행해진 이유

장점과 단점에 대해서도 마찬가지다. 오스트리아의 정신과 의사이자 홀로코스트 생존자인 빅터 프랭클은 괴테의 말을 인용하며 이에 동의했다. "본디 우리에게는 장점이 될 수 없는 단점도, 단점이 될 수 없는 장점도 없다."[2]

안데르센의 동화 『인어공주』를 보자. 인어공주의 불행은 왕자님에게 반해 인간이 되고 싶어진 나머지, 마녀에게 다리를 달라고 부탁하는 데서 시작된다. 인어공주는 자신이 아닌 다른 존재가 되려고 했던 것이다.

무리하게 노력하는 엘리트 회사원의 모습이 바로 이 인어공주와 닮았다. 왕자를 좋아하는 인어공주의 마음은 성공을 바라는 엘리트 회사원의 심정과 다르지 않다. 인어공주가 마녀에게 다리를 원했던 것, 이는 엘리트 회사원이 사회적 성공을 원하는 것과 매한가지다.

인어공주는 원하던 다리를 얻었지만 결국 불행해졌다. 업무적으로는 성공했지만 인간관계에서는 실패한 엘리트 회사원 역시, 성공을 손에 넣었지만 불행해지고 말았다. 원래의 자신과는 다른 사람이 되어 사회적으로는 성공했으나 결과적으로 불행해진 이가 이 세상에 얼마나 많은가.

인생을 바라보는 관점의 중요성은 아무리 강조해도 지나치지 않다. 당신이 행복해지고 싶다면 사회적으

로 성공하려는 노력을 하고 있는지가 아니라 '마음챙김
Mindfulness'을 하며 사는지, 아니면 '마음놓침Mindlessness'을
하며 사는지 스스로에게 끊임없이 물어야 한다.

만약 당신이 무언가에 우쭐해 있다면 그 관점을 주의
깊게 살펴야 한다. 반대로 무언가에 낙담하고 있다면 그때
역시 그 관점에 주의를 기울여야 한다.

▶▶

성공이란 마음이 끊임없이 성장하는 것

인생에서 성공한 사람과 실패한 사람이 있다면, 어
느 시점에 그 둘을 구분할 수 있을까?

마지막 순간에 "고마워"라고 말하며 눈을 감는 사람
은 성공한 인생일까? 반대로 남을 원망하며 생을 마감하
는 사람은 실패한 인생일까?

평온하게 죽으려면 적어도 자기 인생에 납득할 필요
가 있을 것이다. 그러니 '편안한 얼굴로 죽음을 맞이했는
가?'는 한 가지 좋은 관점이 될 수 있다.

실패가 두려워서 아무것도 하지 못하는 사람은 성공이 무엇인지 제대로 이해하지 못한 것이다. 동시에 사람은 자신이 진정으로 무엇을 원하는지도 모른다. 그렇기에 어떻게 살아가야 할지 정하지 못한다.

미국의 심리학자 데이비드 시버리는 "자기 자신을 발견한 사람은 두려움을 모른다", "무엇을 해야 할지 알고 있을 때 우리는 마음이 편안해진다"라고 했다. 그는 또 이런 말도 했다.

소나무는 가지를 뻗으려고 합니다. 이는 떡갈나무와 경쟁하기 위해서가 아닙니다. 자기 노래를 부르는 시인이 되십시오. 자기 색깔을 가진 화가가 되십시오. 자기 자신으로 지낼 권리를 믿으며 과감하게 목표를 세워 뜻을 명확히 하면 인생이 근심으로 흐려질 일은 없을 것입니다.

인생에는 당신이 본디 지니고 있는 자질과 반대되는 의무가 없습니다. 당신이 있다고 믿을 뿐이지요. 만약 자기 자신으로 있을 수 없다면 차라리 악마가 되는 편이 낫습니다.[3]

시버리는 '성공이란 마음이 끊임없이 성장하는 것'이
라고 말하고자 했을 터다. 그렇게 이해하면 지금까지와는
다른 관점으로 인생을 바라볼 수 있다.

실패의 경험을 통해 성장했다는 사실을 깨달았을 때,
관점을 바꾸면 그 실패는 더는 실패가 아니게 된다. 그러
면 실패를 두려워하지 않고 자기 인생을 살아갈 수 있다.

성공한 인생이란 자신의 운명에 걸맞게 살아가는 것,
본인의 잠재 능력을 계속해서 실현해 나가는 것이다. 결과
가 곧 성공인 것은 아니다.

나이를 먹어 체력이 떨어졌다며 결과를 한탄하기보
다, 자신의 운명을 성취하고 있다고 생각하는 편이 좋다.
죽음을 향해 성장하는 중이라고 여기면 된다. 인생의 종말
을 향하여, 잠재적 능력을 끊임없이 실현하는 것이다.

▶▶

마음챙김을 하는 사람은 절망하지 않는다
고등학교를 다니는 내내 "난 반드시 의대에 들어갈

거야"라고 입버릇처럼 말해온 학생이 있다. 그가 만약 의대 진학에 실패한다면, 깊은 절망에 빠질 것이다.

미국의 심리학자 대니얼 골먼은 "마음챙김은 자기 감정을 관리할 수 있게 돕는다"라고 말했다.[4]

마음챙김이란 다양한 관점으로 세상을 바라보는 것이다. 시버리의 말도, 엘렌 랭어의 말도 표현은 다르지만 뜻은 같다. 자신이 지금 무엇에 주의를 기울이고 있는지 알아차림으로써 다른 관점으로 눈앞의 사실을 볼 수 있게 되고, 이는 마음챙김으로 이어진다는 것이다.

이 다양한 관점은 마음 치유의 기반이 된다. 그리고 마음 치유는 육체 치유로도 이어진다. 요컨대 다양한 관점이 몸과 마음의 건강으로 이어지는 것이다.

의대에 들어가는 것만이 성공한 인생이라고 생각하는 사람도, 엘리트 코스를 밟는 것만이 성공한 인생이라고 생각하는 사람도 마찬가지다. 이들은 모두 한 가지 면만 바라보는 관점에 얽매여 있다.

한 가지 생각에 사로잡힌 사람은 놀라울 정도로 시야
가 좁아지고 마음놓침 상태에 빠지게 된다. 열등감이 깊은
사람 역시 오직 그 관점으로만 세상을 바라본다.

엘렌 랭어는 한 가지 면만 바라보는 관점에 사로잡혀
자신의 잠재적 능력을 억누르는 사람은 인생에서 많은 것
을 잃어버린다고 했는데, 정말이지 옳은 말이다. 모의고사
점수가 낮다고 해서 스스로를 쓸모없는 인간으로 여기는
수험생도 본인의 시야가 얼마나 좁은지 깨닫는 편이 좋다.

▶▶

'이래야만 한다'라는 생각을 버려라

자기 인생은 실패의 연속이었다며 열등감에 사로잡
혀 불행해하는 사람이 있다. 하지만 그는 실패의 연속이라
는 사실 때문에 불행한 것이 아니다. 얽매인 마음 탓에 그
사실을 실패로 해석해 불행해진 것이다.

본인의 과거가 눈부신 성공으로 가득하지 않다는 이
유로 자신감을 잃는 사람은 인생을 보는 관점이 평면적이
다. 과거에 얽매여 미래를 잃고 있으며, 인생을 빈약하게

살아간다고도 할 수 있다. 그런 사람은 이미 지나간 과거를 되돌리려고 애를 쓰기 때문에 마음이 편할 리가 없다.

현재의 관점에 대한 집착만 내려놓으면 괴로워하지 않고 살아갈 수 있는데도 그러지 못한다. 끝없이 번뇌를 만들어 내는 것이 바로 본인의 관점이라는 사실을 알아차리지 못하고, 고통 속에서 하루하루를 보낸다.

나는 50년도 넘게 〈전화 인생 상담〉이라는 라디오 프로그램을 진행해 왔는데, 이렇게 괴로워하는 사람이 엄청나게 많다는 사실에 매번 놀란다. 그들은 자기만의 관점에 갇혀 홀로 괴로워한다. 또 '사람은 이래야만 한다'라는 경직된 사고방식에 얽매여, 다양한 삶에는 저마다의 장점이 있다는 사실을 보지 못한다.

가령 무슨 일에든 "네"하고 따르지 않으면 고함을 지르거나 위압적으로 구는 부모 밑에서 태어난 아이를 보자. 그들은 마음 한구석에서 부모 자식 관계란 원래 그런 것이라는 생각을 품고 자랄 것이다. 그래서 어른이 되어서도 무슨 일에든 순종적으로 따르며 그저 갈등 없이 인간관계를 이어나가려고 할 것이다.

이들에게는 인간관계에서의 갈등 해결법으로 "이렇게 하면 좋습니다"라고 조언을 해도 좀처럼 따르지 않으며, 평생 잘못된 행동 패턴을 반복한다. 이쯤 되면 괴롭게 살기 위해 애를 쓰고 무리하면서 희생을 치른다는 말을 들어도 어쩔 수 없다.

우리의 인생에서 '반드시 이렇게 해야만 하는 것'은 대체로 존재하지 않는다. 중요한 건 자신이 지금 어떤 관점으로 세상을 바라보고 있는지 스스로 이해하는 일이다. 낡은 관점은 마음의 수갑이나 다름없다.

＞＞

다양한 관점의 유용함

지금껏 말해왔듯이 마음챙김이란 다양한 관점을 가지는 것이며, 새로운 정보를 적극적으로 받아들이는 태도다. 자신에게 유리한 것만 받아들이는 편협한 태도가 아니다. 다양한 관점으로 세상을 인식하면 비판받아도 발끈하지 않으며, 반대로 극단적으로 침울해지지도 않는다.

나폴레옹이 러시아를 정복하려고 했을 때의 일이다. 나폴레옹이 집착했던 유일한 목표인 모스크바에 마침내 이르렀을 때는 정복할 상대가 한 사람도 남아 있지 않았다. 모두 도망친 뒤였던 것이다.

내가 대학생이었을 때 대장성(현재의 재무성[◆])에 들어가는 것 말고는 아무것도 염두에 두지 않는다고 말하던 남자가 있었다. 그 길 말고는 생각할 수 없다고 했다.

자신이 사로잡힌 유일한 목표, 그것을 다른 관점에서 볼 수 있는 사람이 마음챙김을 하는 사람이다.

시버리는 "주의에 주의하라"라고 말했다. 이 또한 마음챙김의 핵심이다. 결코 하나의 관점으로만 세상을 보아

◆ 재정 확보, 세제 실현 등을 담당하는 일본의 행정 기관.

서는 안 된다. 마음챙김을 하는 사람은 자신의 주의가 어디에 쏠려 있는지 스스로 안다. 사람이 비관주의에 빠질 때는 부정적인 쪽으로 쏠리기 마련이다.

다양한 관점으로 보면 이렇게도 말할 수 있다. "싸움은 커뮤니케이션이다."

마음이 맞닿아 있어서 싸움이 일어나는 경우도 있다. 마음이 맞닿으면 진심을 말할 수 있고, 진심을 말했기에 충돌이 일어난다. 역설적으로 들리겠지만, 싸우지 않는다는 것은 서로에게 진심을 내보이지 않는다는 뜻이기도 하다. 이처럼 싸움은 관점에 따라 단순한 대립으로도 볼 수 있고, 마음의 맞닿음으로도 볼 수 있다.

어떤 경험을 한 뒤 '망했다'라고 생각했다. 그래서 실패라는 꼬리표를 붙였다. 이때 마음놓침 상태에 있는 사람은 그 꼬리표에 얽매이고 만다. 싸움과 마찬가지로 실패 또한 다양하게 해석할 수 있는데, 그 가능성을 스스로 차단해 버리는 것이다.

실패를 두려워하는 사람은 처음 붙인 꼬리표에 집착해 다른 관점에서 보려 하지 않는다. 실패를 다른 카테고리로 분류하여 새롭게 파악하려는 시도조차 하지 않는 것이다. 그로 인해 자신이 잃는 것이 얼마나 큰지, 그는 깨닫지 못한다.

>>

슬럼프는 다음 단계로 향하는 과정이다

누구에게나 슬럼프는 온다. 작가에게도, 운동선수에게도 예외는 없다. 긴 인생을 살다 보면 누구나 한 번쯤 슬럼프를 겪게 마련이다.

이때 슬럼프의 괴로움을 다음 단계로 나아가는 과정으로 받아들이는 사람은 역경에 강하다. 이런 사람은 슬럼프가 찾아와도 매일의 할 일을 묵묵히 해나간다. 인생에서 하나의 과정으로 여기기에 좌절하지 않는 것이다.

병에 대한 사고방식도 마찬가지다. 누구나 병에 걸리고, 누구에게나 병은 괴롭다. "병에 걸리고 말았어!"하고 요란을 피우며, 자기 혼자서만 불운에 휘말린 양 괴로워하는 사람이 있는 반면 자기만 병에 걸린 게 아니라 인간은 누구나 병에 걸린다고 생각하는 사람도 있다. 이 둘 중 누가 더 큰 고통을 받을까? 당연히 자기만 병에 걸려서 괴롭다고 생각하는 사람이다.

수필가는 소설가가 아니고, 소설가는 수필가가 아니다. 똑같이 문장을 쓰는 것을 직업으로 삼는다 해도 사람마다 잘 쓸 수 있는 형식과 잘 쓰지 못하는 형식이 있다. 그러니 소설을 못 쓴다고 해서 다른 종류의 글도 못 쓸 거라고 생각할 필요는 없다.

글재주가 없다고 말하는 사람의 이야기를 들어보면 본인이 모든 종류의 글을 못 쓴다고 착각하는 듯하다. 소설에 재주가 없다고 에세이에도 재주가 없는 건 아니다.

경력이 짧은 한 신문 기자가 "저는 글을 잘 못 써서 기자라는 직업과 안 맞는 것 같아요"라며 고민 상담을 해왔다. 지시받은 대로 글을 쓰지 못한다고 자각하는 건 꽤

찮지만 글을 못 쓴다고 비관할 필요는 없다. 잘 생각해 보면 그 고민은 기껏해야 '이 편집장 밑에서는 못 쓰겠어'라거나 '이 신문사에서는 못 쓰겠어'일 것이다.

자신의 관심 분야를 취재하면 그때는 좋은 글을 쓸 수 있을지도 모른다. 다만 윗선에서 "이런 이야기를 듣고 와"라고 미리 정해주는 경우, 취재를 해도 글을 쓰지 못할 때가 있다. 신문 기자 중에는 그럴 때 '난 못 써'하고 낙담하는 사람이 있는 모양이다. 그런 글도 쓸 수 있어야 프로인지 모르겠지만, 모든 걸 잘할 수는 없는 법이다.

내가 보기에 글을 못 쓰는 기자 중에는 가치관이 비뚤어진 경우가 있다. 이들은 자신이 쓸 수 있는 글이 아니라, 도리어 못 쓰는 글을 쓰려고 한다. 가령 문화부에 있으면서 사회부 기사를 쓰려 하는 식이다.

이들은 자신이 쓸 수 있는 글이야말로 최선이며, 그 글을 쓰는 현재 위치가 최적의 자리라는 사실을 이해하지 못한다. 그저 신문사라면 사회부나 정치부가 낫다는 잘못된 가치관에 사로잡혀 있다. 현실의 자신을 외면한 채 '나는 이런 기사를 쓰는 기자가 되어야 해'라고 생각하는 것이다. 날조 기사를 쓰는 기자는 대체로 이런 가치관을 지녔다. 가치관이 바르다면 애초에 날조 기사를 쓸 이유가 없기 때문이다.

다른 사람이 한 행동의 의도를 생각해 보기

타인을 무조건 어떤 카테고리에 집어넣고 바라보는 사람이 있다. 그런 버릇은 자신을 행복에서 멀어지게 할 뿐이니 그만두는 편이 좋다.

예를 들어 어떤 사람이 고등학교를 졸업한 뒤 작가가 되기로 결심하고 원고를 쓰기 시작했다 치자. 출판사에서는 그의 글을 좀처럼 책으로 내주지 않는다. 그래도 이 사람은 아르바이트를 하면서 원고를 계속 쓴다. 그는 자신의 인생을 주체적으로 살아간다. 하지만 주위 사람들은 대학에 가지 않고 취직도 하지 않는 그를 '백수'라는 카테고리에만 넣어서 볼 것이다.

'부자'라는 카테고리도 마찬가지다. 사람들은 부자를 보면 돈이 얼마나 많은지만 궁금해한다. 그 부자가 무엇을 포기하고 돈을 얻었는지는 생각하지 않는다. 잃은 것을 보는지, 혹은 가진 것을 보는지에 따라 그 사람은 전혀 다른 모습으로 다가올 것이다.

항상 웃는 사람을 볼 때도 마찬가지다. 노력하지 않는 사람은 그들의 겉모습만 보고 부러워한다. 하지만 웃는 사람도 실은 남들이 보이지 않는 곳에서 필사적으로 노력하고 있다. 스스로 노력하지 않는 사람은 남들도 자기처럼 노력하지 않을 거라 멋대로 재단하기에, 웃는 사람을 그저 '편안한 사람'으로 치부하며 "저 사람은 참 좋겠다"라고 부러워하는 것이다."

엘렌 랭어는 한 강연에서 이렇게 말했다.

모든 행동에는 의미가 있다는 것을 전제로, 자신의 눈에 좋지 않게 보이는 행동일지라도 그 행동을 한 사람의 진정한 의도가 무엇일지 생각해 보십시오. 그러면 그 행동을 다르게 해석할 수 있어서 그 사람에 대한 나쁜 마음과 부정적인 감정이 사라질 것입니다. 그때 좋지 않게 보였던 행동은 하나의 경고 신호가 됩니다.

인생의 막다른 골목에 다다랐다고 느낄 때, 기억하라. 당신은 낡은 세계의 출구에 선 동시에 새로운 세계의 입구에 선 것이다.

낡은 세계의 자신을 고집하며 중독·가정·폭력·사디즘 같은 것에 빠져들 것인가, 아니면 관점을 바꾸고 시야를 넓혀 의식의 영역을 확장한 채 새로운 세계로 들어설 것인가. 당신은 그 갈림길에 서 있는 것이다.

➤➤

즐거워 보이지 않는 '성공한 사람'의 내면

수치심이 많은 사람은 대체로 실패를 두려워한다. 실패하면 자신의 자아가 가치 없어질 것이라고 생각하기 때문이다. 반면 자아의 가치가 안정된 사람은 능력을 시험받을 기회를 두려워하지 않는다.

가령 의식적으로는 과장된 자아상을 가졌지만 무의식적으로는 심각하게 스스로를 멸시하는 사람이 있다고 치자. 그는 능력을 시험받을 기회를 자기도 모르게 두려워한다. 수치심이 많은 사람이 실패를 무서워하는 이유 중 하나는, 실패하면 자신의 나르시시즘이 상처받을 것이라는 두려움 때문이다.

실패하면 나르시시즘이 상처를 입어 자아도취를 할 수 없게 된다. 심지어 실패로 인해 자기 존재 전체가 위협받는 듯이 느끼기도 한다. 실패할 경우 '나는 대단한 사람이야'라는 허세를 남들이 간파할 것이라고 생각한다. 그러면 '위대한 나'라는 이미지가 부서지고 만다.

미국의 한 심리학 교과서에는 다음과 같은 글이 실려 있다.[5]

우리가 자아를 가장 잘 실현할 수 있는 순간은 스스로에게 자신감이 있을 때, 즉 자아의 가치를 빼앗길까 봐 두려워하지 않을 때다. 자아가 실현되지 않으면 진정한 자신감을 가질 수

없다. 그러나 진정한 자신감 없이는 자아실현도 이루어지지 않는다.[6]

사회적으로 성공했지만 왠지 모르게 항상 짜증을 내는 사람이 있다. 세계에서도 손꼽히는 부자지만 즐거워 보이기는커녕 우울해 보이는 사람도 있다. 주위 사람들이 그가 웃는 얼굴을 본 적이 없다고 말할 정도다. 권력의 정점에 올랐지만 알코올에 중독된 사람도 있다.

미국의 심리학자 매슬로는 이런 사람들이 진정한 자신이 아닌 '유사 자기'[7]로 살아간다고 말했다.

이들에게는 스스로 성장하고자 하는 욕구가 없다. 즉, 유사 자기로 살아가는 이들은 성장 욕구와 더불어 자기 긍정의 감정을 잃어버린 상태다. 본래의 자신이 아닌 다른 사람이 되기를 강요받으며 살아온 탓이다. 어찌 보면 진짜 자신을 단념한, 불안정한 존재인 셈이다. 그들의 불행 역시 자신이 아닌 다른 존재가 되려 한 데서 시작되었다.

성실한 젊은이가 큰 사건을 일으키는 이유

사회적 사건을 일으킨 젊은이에 대해 그 지인에게 물어보면 "세상에 둘도 없는 성실한 사람"이라든가 "믿을 수 없을 만큼 성실한 사람"이라고 대답한다. 사람들은 그들을 '모범적인 젊은이'라고만 바라봤던 것이다.

그들은 성실한 행동이라는 관점에 얽매여 있지만, 다른 관점에서 보면 그는 사실 마음이 닫힌 완고한 사람[8]일 수도 있다. 이런 면모는 사회성과 생산성이 결여된 성격[9]이라고도 할 수 있다. 프로이트가 말한 항문기적 성격^{Anal} ^{character}◆의 완고함이 바로 이것이다.

이들은 오직 성실한 행동이라는 하나의 잣대로만 모든 것을 판단한다. 관점이 전혀 다양하지 않다. 엘렌 랭어는 이처럼 한 가지 기준으로 사람을 분류하는 것을 가리

◆ 고집이 세고 융통성이 부족하며 청결과 질서를 지나치게 중시하는 성격을 말함.

켜 마음놓침이라고 일컬었다.

성실함이 장점인 사람도 그것만으로는 상황의 변화를 따라가지 못할 때가 온다. 사회적으로 성공했지만 늘 짜증을 내는 사람도 마찬가지다. 사회적 성공만으로는 상황의 변화를 따라갈 수 없는 것이다.

방어 기제의 붕괴[10]는 그때 일어난다. 그 순간이 바로 사회적 사건을 일으키는 때이며, 우울증에 걸리거나, 번아웃이 오거나, 혹은 알코올 중독에 빠지게 되는 결정적 시점이다.

유사 자기로 살아가는 이들은 마음의 갈등을 성실함이나 사회적 성공으로 억누른다. 이것을 방패 삼아 어떻게든 현실을 헤쳐 나가려 안간힘을 쓰는 것이다. 하지만 그 마음을 들여다보면 여전히 불안과 두려움 속에 갇혀 있다. 결국 외적인 성취로 내면의 문제를 극복해 내려고 했지만 실패한 것이다.

믿을 수 없을 만큼 성실한 때도, 반대로 범죄를 저지

를 때도 행동은 다르지만 마음은 같다. 마음속에는 똑같은 불안과 두려움이 있다.

언론에서는 흔히 "중학교 3학년 때 생활 태도가 갑자기 바뀌었다"라는 식으로 보도하는데, 갑자기 바뀐 것은 행동이지 마음이 아니다. 만약 마음이 바뀌었다면 범죄를 저지르지 않고 현실을 극복했을 것이다.

행동이 달라지면 마음도 달라진다는 생각은 착각이다. 사람은 같은 마음으로 정반대의 행동을 할 수 있는 존재다.

>>

주체적으로 살지 않는 비극

직장에서의 실패를 비관해 스스로 목숨을 끊는 엘리트 회사원을 보자. 그는 자신을 오직 '엘리트'라는 틀 안에서만 정의했기에 그런 선택을 한 것이다. 관점이 극도로 평면적인 데다 한쪽으로 치우쳐 있었기 때문이다.

유명 대학의 입학시험에서 떨어졌다고 자살하는 젊은이도 마찬가지다. 그는 자신을 '우수한 인재'로 여기며, 오직 그 관점으로만 세상을 바라본다. 그렇기에 그런 자신의 이미지가 위협받으면 더 이상 삶을 살아가지 못한다. 운동선수도 마찬가지다. 본인을 특정 종목의 선수로만 여기는 사람이, 그 종목을 하지 못하게 되면 세상을 등지는 경우도 있다.

남편의 외도로 괴로워하는 아내가 "그이도 지난 20년 동안은 성실하게 지내왔으니까, 언젠가는 정신 차릴 거라고 믿어요"라고 말한다. 하지만 그 성실함이란 '회사를 빠지지 않는 것'이었다. 아내는 정작 남편이 어떤 마음으로 일해왔는지는 깊이 생각해 보지 않는다.

성실하게 노력했지만 좌절하는 사람은 어릴 적부터 순종적으로 살아온 경우가 많다. 자기 의지로 무언가를 해오지 않은 것이다. 본인의 의지로 행동하지 않았으니 경험을 통해 배운 것도 없다.

본인은 고양이인데 부모는 "호랑이가 훌륭해"라고 주입시킨 꼴이다. 그래서 호랑이 탈을 쓰고 호랑이처럼 걸어야 한다고 생각한 것이다. 이런 사람이 마음속으로 괴롭다고 외치는 것은 당연한 일이다.

그는 자신의 의지가 아닌 부모의 가치관으로 살아간다. 요컨대 '자기 관점'이 없는 것이다. 따라서 변화하는 상황에 대응할 지혜가 없으며, 그러는 사이에 의지 자체가 사라지고 만다.

이는 자신이 실제의 자기 자신을 부정하는 사태다. 괴로움의 원인은 결국 '내가 나 자신이 아니게 된 것'에 있다.

시버리는 "자기 자신으로 있을 수 없다면 차라리 악마가 되는 편이 낫다"라고 말했다.

안전을 최우선으로 삼으며 어떻게 하면 상처를 입지 않을지만 생각하다 보니 자신의 능력을 사용하는 기쁨을 경험하지 못한다. 거부당할 것이 두려워 자기주장을 펼칠 수 없다.

유사 자기에 안주하는 무서움

매슬로가 말하는 유사 자기^{Pseudo-self}는 독일의 정신분석학자 카렌 호나이가 말한 진정한 자신^{Real self}의 반대 개념이다. 진정한 자아를 잃어버린 상태를 말하는 것이다. 미국의 심리학자 조지 웨인버그는 이를 자기 상실^{Self-abandonment}이라 정의했다. 이는 곧 자아 분열의 상태이기도 하다.

의외로 많은 사람이 유사 자기에 머무르는 삶에 안주한다. 그들은 "마치 자기 상실의 상태에만 안식처가 있는 것처럼"[11] 살아간다. 언제나 초조함을 느끼면서도 사회적 지위에 매달려 절망감만 키우는 것이다.

행동이라는 관점으로 보느냐, 마음이라는 관점으로 보느냐에 따라 똑같은 사람이라도 전혀 다르게 보이는 법이다.

어느 어중간한 엘리트 회사원이 심각한 열등감에 휩

싸여 있었다. 항상 슈퍼 엘리트와 자신을 비교하며 살아왔기 때문이다. 그는 권위적인 아버지에게 비현실적으로 높은 기대를 받으며 자랐다. 그리고 어찌어찌 엘리트 코스에서 완전히는 벗어나지 않으며 살아왔다. 모범적인 학생, 모범적인 회사원으로 지내온 것이다.

하지만 유사 자기로 살아온 탓에 늘 소화 불량과 불면증에 시달렸다. 그야말로 몸과 마음 양쪽의 아픔으로 고통을 받았던 것이다.

그런 그가 어느 시점부터 전혀 다른 사람처럼 활기를 되찾아 건강해졌다. 불면증도 나았고 몸과 마음의 아픔도 사라졌다고 한다. 비법은 바로 어떤 이의 조언을 듣고 자신의 인생을 보는 관점을 바꾼 것이었다.

그전까지 그는 자기 인생을 사회적 성공으로 가는 길이라는 관점으로 보았다. 그 관점으로 슈퍼 엘리트와 자신을 비교하면 학력도 회사도 뒤떨어졌다. 회사에서 보내준 유학처도 세계적인 명문 대학이 아니었다. 그의 이력은 전부 어중간했다. 부모로부터 늘 슈퍼 엘리트와 비교당한 탓에 항상 온 힘을 다해 노력해왔다. 그 결과 그는 심각한 열등감으로 인해 몸과 마음의 아픔에 시달렸다.

그랬던 그가 자신의 인생을 성공으로 가는 길이 아니라 부모로부터의 자립이라는 관점으로 다시 볼 기회를 얻었다. 그의 마음은 완전히 바뀌었다. 그에게는 그야말로 코페르니쿠스적 전환이었다.

부모로부터의 자립이라는 관점에서 자신의 인생을 돌아보니 '난 잘해왔어'라는 생각이 들었다. 그리고 지금까지의 자기 인생은 다름 아닌 부모와의 싸움이었다는 사실을 납득했다.

자기 인생의 본질은 부모와의 힘든 싸움이었고, 겉으로 드러난 것은 그 현상이라는 점을 그는 간파했다. 겉으로 드러난 현상에 일희일비했다는 사실도 깨달았다. 자신의 인생을 성공을 향한 길로 생각했던 건, 부모의 기대를 내면화했기 때문임을 그는 마침내 알게 된 것이다.

그전까지는 권위적인 아버지의 눈에 성공한 사람으

로 비치는 것이 중요했다. 그래서 작은 실패에도 절망했다. 한 번 실패하면 그 실패만 머릿속에 가득했고, 아버지가 더욱 실망할까 봐 두려웠다.

상담한 사람이 알려준 '자기 운명을 성취하기 위한 인생'이라는 관점에 서자, 자신과 타인을 바라보는 방식이 바뀌었다. 자신과 비교하며 열등감을 느꼈던 사람들이 더는 비교 대상이 아니게 되었다.

관점을 바꾸자 지금껏 보이지 않았던 것이 보이기 시작했다. 그 결과 심각한 열등감에서 해방되어 생산적인 에너지가 뿜어져 나왔다. 신체적 증상 중 하나였던 편두통도 사라지고 성격도 밝아졌다. 몸과 마음의 아픔도 어느새 나았다.

자기 상실의 태도는 절망감을 키울 뿐만 아니라, 설령 당신이 노력하고 있더라도 그 효과를 없애고 만다.[12]

그는 이제까지 인생을 사회적 성공으로 가는 길로 봤던 것이 자기 상실의 역사일 뿐이라는 사실을 깨달았다.

그리고 인생을 보는 관점을 바꿈으로써 남과 비교하지 않는 자기 고유의 인생을 되찾았다.

많은 사람들이 "남과 자신을 비교하지 마"라고 말한다. "남은 남, 나는 나"라고 말하기도 한다. 하지만 아무리 "남은 남, 나는 나"라고 되뇌어도 마음 깊은 곳에서는 납득이 가지 않는다.

그러나 자기 인생을 바라보는 관점이 바뀌면 자연스레 그렇게 생각하게 된다. 보이지 않던 것이 보이기 때문이다.

＞＞

우울증 걸린 성공한 사람의 공통점

성공으로 가는 길은 다른 관점에서 보면 패배로 향하는 길이 될 때가 있다. 그건 개인의 역사에서도, 국가 간의 관계에서도 마찬가지다.

나폴레옹이 러시아를 침공하기 전, 세상 사람들의 눈

에 그는 훌륭한 정복자로 보였다. 그럼에도 나폴레옹은 굳이 러시아라는 거인을 공격함으로써 자신의 군사적 능력을 다시금 증명하려 했다. 희생이 얼마나 따르든 간에 러시아를 정복하겠다고 결심한 것이다. 긍지 높은 깃발과 문장紋章 아래로 그는 위험한 마음을 품고 있었다.

사람은 '이렇게 되고 싶다'라는 소망을 지나치게 강하게 품으면 다른 것을 생각하지 못한다. 그러다 보면 시야가 좁아져 노력의 방향을 잘못 잡고는 한다.

당시 나폴레옹에게 모스크바로 가는 길은 승리로 향하는 길이었다. 하지만 나폴레옹을 격퇴한 제정 러시아의 쿠투조프 장군의 관점에서 보면, 그것은 명백히 패배로 향하는 길이었음을 알 수 있다.

톨스토이가 『전쟁과 평화』에서 묘사했듯이 나폴레옹에게 다른 선택지는 필요치 않았다. 그의 결의가 곧 전부였기 때문이다. 그런 나폴레옹에게 맞선 인물이 바로 쿠투조프 장군이다. 그는 중요한 행사 자리에서도 꾸벅꾸벅 졸 만큼 술을 좋아하는 노장이었다. 세상 사람들은 쿠투조프에게 승산이 없는 일방적인 싸움이 되리라고 예상했다.

나폴레옹군이 전진할 때마다 쿠투조프는 후퇴를 거듭했다. 나폴레옹이 러시아 깊숙이 진격해 들어간 결과 보급선은 지나치게 길어졌다. 그때 쿠투조프가 계획한 대로 강력한 아군이 나타났다. 바로 러시아의 겨울이었다. 이제 나폴레옹군이 싸울 상대는 추위와 바람, 눈과 얼음이었다.

마침내 나폴레옹이 자신의 유일한 목표였던 모스크바에 도착했을 때, 정복할 상대는 단 한 사람도 남아 있지 않았다. 모두 도망친 뒤였던 것이다. 러시아군은 스스로 불을 질러 폐허가 된 성도聖都만을 껍데기처럼 남겨두었다.

가장 소중한 수도마저 적에게 내어주는 치욕, 이 또한 철저하게 계산된 쿠투조프의 '패배자 연기'였다.[13]

우리도 일상에서 나폴레옹과 같은 과오를 저지른다. 예컨대 명예를 강박적으로 추구할 때가 그렇다. 명예 말고는 눈에 들어오지 않을 때, 우리는 모스크바 정복에 집착한 나폴레옹과 같은 심정이 된다.

자신이 처한 상황을 다른 관점에서 보지 못할 때, '러시아를 정복하겠어'라고 결심한 나폴레옹이나 '이 회사에서 출세하겠어'라고 다짐한 회사원은 그것이 얼마나 위험한 일인지는 깨닫지 못한다.

잘못된 노력을 거듭해 명예를 얻었다 해도 이는 나폴레옹이 모스크바에 도착한 것과 마찬가지다. 거기서 기다리는 것은 승리의 기쁨이 아니라 혹독한 '러시아의 겨울'이다.

프랑스군이 추위와 바람, 눈과 얼음 속에서 악전고투를 벌인 것과 마찬가지로, 명예를 얻은 엘리트 회사원도 성공한 뒤에야 비로소 악전고투를 시작한다. 엘리트 코스에서 살아갈 에너지를 다 써버린 탓에 정작 버텨낼 내면의 힘을 얻지 못한 것이다. 취미도 없고 마음을 터놓을 친구도 없다.

결국 나폴레옹의 패배는 회사원의 '승진 우울증' 또는 '고위 공무원의 자살'이라는 비극으로 치환된다. 승진

한 결과 책임감과 업무가 무거운 짐이 되어 좌절을 겪는 것이다. 성공하면 마음의 갈등이 해소되리라고 생각했지만, 정작 성공한 뒤 갈등은 한층 더 심해진다.

그리하여 임원까지 올라가도 정년퇴직 후에는 우울증에 시달린다. 기분이 더욱 가라앉거나 예민해지고, 걷잡을 수 없이 우울해지거나, 이유 없이 짜증이 늘기도 한다. 이것이 이른바 '성공한 사람의 우울증'이다.

쿠투조프가 러시아의 겨울이라는 강력한 아군을 볼 수 있었던 것처럼, 성공과 실패를 인생 전체의 흐름 속에서 바라볼 수 있는 태도. 그것이 바로 심리학자 엘렌 랭어가 말하는 '마음챙김'이다.

>>

'지금 생활이 더 좋다'라고 생각하는 이가 성공한 사람

열등감은 마음놓침으로 이어지고, 향상심은 마음챙김으로 이어진다. 전자는 스스로의 이미지를 깎아내리고 선택의 폭을 좁히며 독선적인 태도를 낳는다. 그 결과 우리는 자신의 가능

성을 낭비하게 된다.[14]

불쾌한 감정을 마음챙김으로 해결한 사례를 하나 더 들어보자. 이를 통해 관점을 바꾸는 행위가 마음에 어떤 영향을 주는지 살펴보려 한다.

스티븐 코비의 명저 『성공하는 사람들의 7가지 습관』에는 작은 패러다임의 전환 사례로 다음과 같은 저자의 경험이 소개되어 있다. 여기서 패러다임의 전환이란 곧 관점을 바꾸는 것을 의미한다.[15]

어느 일요일 오전, 저자는 뉴욕의 지하철을 탔다. 승객들은 모두 앉아서 조용히 신문을 읽거나 사색에 잠기거나 눈을 감고 휴식을 취하고 있었다. 그때 한 남자가 아이와 함께 탔다. 아이가 시끄럽게 뛰어다니며 소란을 피우자, 즉시 지하철 분위기가 바뀌었다. 승객들은 짜증을 내기 시작했다. 참다못한 저자 역시 화가 나서 남자에게 아이를 좀 조용히 시켜달라고 말했다.

그러자 남자는 사과를 하면서, 아이 엄마가 한 시간

전에 병원에서 죽었다고 말했다. "저는 지금 어떻게 하면 좋을지 모르겠습니다. 아이도 저와 마찬가지로 어찌할 바를 모르는 거겠지요."

그 순간 패러다임의 전환이 일어났다. 저자는 현상을 다른 관점으로 보게 되었다. 그의 태도는 불쾌감에 대한 집착에서 벗어나 타인을 향한 연민으로 바뀌며 비집착으로 변환되었다.

이 사례는 패러다임을 전환해 다양한 관점으로 세상을 바라보는 일이 얼마나 중요한지 보여준다. 이는 곧 내 안의 '관점의 개수'를 늘리는 일이라고 바꿔 말해도 좋다.

히스테리가 낫지 않는 사람은 기존의 인간관계를 바꾸지 못하는 사람이다. 히스테리에 갇힌 사람은 낡은 사고방식 때문에 새 세상을 열지 못한다. 새로운 사고방식, 즉 새로운 관점으로 자신의 인생을 보는 것이 새 세상을 여는 열쇠다. 그것은 진정한 자기 자신이 되는 일이며, 개성을 키우고 내면의 힘을 기르는 일인 동시에 행복해지는 방법이기도 하다.

　성장이란 발상을 바꾸는 일이다. 발상을 바꾸는 것은 사물을 보는 관점을 바꾸는 일이다. 그로써 마음의 위치가 바뀐다. 사물을 보는 관점이 바뀌면 주위 모든 것이 다르게 보인다. 거기서 안정감을 느끼면 더는 예전 상태로 돌아가지 않는다. 아니, 돌아가지 못한다. 자기 자신의 본질을 깨닫고도 예전으로 돌아가는 사람은 없다.

　가령 이혼을 했거나, 회사를 그만뒀거나, 부모 곁을 떠나 빈곤해진 사람이 있다고 치자. 사회적 관점이라는 하나의 잣대로만 보면 이들은 모두 실패자다. 하지만 "비록 가난해도 지금 생활이 더 좋아"라고 말하는 사람은 의외로 많다. 사회적인 관점에서는 실패했지만, '자신의 인생을 살아간다'라는 관점에서 보면 그는 성공한 사람이다.

　괴로울 때나 불쾌할 때 그 순간을 자신의 심리적 성장 과정으로 볼 것인가, 아니면 관점을 바꾸지 않고 현재의 괴로움에 얽매여 있을 것인가에 따라 인생의 가혹함은 달라진다. 바로 이것이 절망을 극복하는 사람과 절망에 짓눌리는 사람의 차이다. "이제 내 인생은 끝이야"하고 절망하며 일어서지 못하는 사람과, 거기서 다시 일어서는 사람의 차이는 관점을 바꿀 수 있느냐 없느냐에 있다.

▶▶

마음챙김은 인생의 트러블을 줄인다

관점을 바꾸려면 자신에 대한 낡고 한정된 이미지를 버려야 한다. 스스로의 이미지를 단 하나로 규정해 버리면, 개인이든 기업이든 위기가 왔을 때 무너지기 쉽다.

예컨대 주부의 경우 자기 역할의 범위를 좁게 한정할 때가 있다. 다른 사람을 만나서 자기소개를 할 때면 "누구누구의 아내입니다"라고 말하고, '남편의 집'에서 살림을 꾸려나가며, 자신의 옷은 '남편이 좋아할 만한' 것을 사고, 남편을 위해 식사를 차리는 여성으로 자신을 본다. 본인은 이 엄격한 역할에 만족할지도 모르지만, 만약 남편이 짐을 싸서 집을 나가면 어떻게 될까. 규칙이 바뀌어도 이 사람은 잘 적응해서 살아갈 수 있을까?

사실 어떤 '주부'든 다른 역할은 무수히 많다. 그 사람은 누군 가의 딸이자 언니, 여동생이자 친구이며, 때로는 목수이자 아 마추어 화가이기도 하다. 자신에게 이런 다양한 면모가 있음 을 주의 깊게 자각하는 사람은 무언가 하나를 잃어도 쉽게 무 너지지 않는다. 자아의 정의를 여러 역할로 확장해 둘 수 있 다면, 남편에게 무슨 일이 생겨도 자신의 삶을 단단히 이어나 갈 수 있다.[16]

관점을 늘리는 것은 견디기 힘든 상황을 바꾸는 한 가지 방법이기도 하다. 관점이 적으면 적을수록 인생의 어 려움은 많아진다.

엘렌 랭어가 말하는 마음챙김은, 세상을 바라보는 방 식이 무수히 존재한다는 사실을 항상 인식하는 마음의 상 태라고 할 수 있다.

앞에서는 깨달음을 얻어 마음챙김을 하게 된 사례를

들었지만 그런 일이 늘 일어나지는 않는다. 또 '마음챙김을 하면서 살아가야지'하고 생각한들 그 순간부터 마음챙김을 할 수 있는 것도 아니다. 그저 매일매일 신경을 써서 수없이 노력을 반복하다 보면 조금씩 마음챙김을 하는 삶에 가까워질 수 있다.

엘렌 랭어는 마음놓침의 특징이 낡은 카테고리를 고집하는 것이라면, 마음챙김의 특징은 끊임없이 새로운 카테고리를 창조하는 데 있다고 말했다.

낡은 카테고리에 집착하는 것은 곧 판에 박힌 관점으로 세상을 바라보는 일이다. 자신의 아이, 혹은 자신의 인생에 대해서 경직된 관점을 고수하는 부모나 회사원이 그렇다. 이들은 새로운 정보와 변화의 가능성에 마음이 닫혀 있는 상태나 다름없다.

➤➤

마음챙김을 하는 사람은 모든 일에서 과정을 중시한다

마음놓침 상태에 빠진 사람은 결과를 중시한다. 반면

마음챙김을 하는 사람은 과정을 중시한다.

아이가 등교를 거부할 때, 과정을 중시하는 부모는 '왜 아이가 등교를 거부하게 되었을까?'라고 생각한다. 그러면 아이의 등교 거부는 어떻게 보일까. 이 가정이 안고 있는 문제를 눈에 보이는 형태로 드러내 준 신호라고 해석하게 된다. 그래서 도리어 '지금 알아차려서 다행이야'라고 생각하게 되는 것이다.

그러나 마음놓침 상태에 빠진 사람은 당장의 불쾌한 기분에 사로잡힌다. 이런 부모는 아이를 볼 때도 '등교 거부'라는 결과만 본다. '도대체 왜 그랬을까?' 하는 과정은 깊이 생각하지 않는다. 그저 아이가 "학교 가기 싫어요"라고 하면 엄청난 일이 벌어졌다고 생각한다.

마음챙김을 실천하는 누군가가 "일어난 일은 모두 좋은 일이야"라고 말했다. 나도 처음 그 말을 들었을 때는 과장이라고 생각했지만, 지금은 바로 그런 태도가 '관점

바꾸기'의 핵심이라고 생각한다.

즉, 불쾌한 일은 즐거운 인생으로 향하는 과정이라고 보며, 지금 알아차려서 다행이라고 여기는 것이다. 만약 현재의 불쾌한 감정에만 사로잡혀 있다면, 그건 내가 '마음놓침' 상태에 빠져 있다는 신호임을 잊지 말자.

착한 아이,

관점을 바꾸면

불안한 아이. 두려워하며 살아가는 아이.

부모를 잘 도와주는 아이,

관점을 바꾸면

외로운 아이. 부모에게 인정받고 싶은 아이. 부모의 관심이 필요한 아이.

자식 바보 아버지,

관점을 바꾸면

자식에게 집착하는 아버지.

관점을 바꾸지 못해서 부모 자식 사이에 트러블이 생긴다. 자신의 도식에 맞춰 아이를 본다.

순종적인 착한 아이,

관점을 바꾸면

자발성 없는 아이. 자기 생각을 말하지 않는 아이. 감정이 빈곤한 아이.

감정이 빈곤해지면 충동적인 행동을 한다.

모범적인 학생,

관점을 바꾸면

한 인간으로서 열심히 살아오지 않았다. 성실하지 않았다.

시끄럽게 떠드는 아이,

관점을 바꾸면

자신을 표현할 줄 아는 아이.

예의 바른 아이,

관점을 바꾸면

적대감을 내뿜지 않기 위해 미리 배려하는 방어적인 아이.

지나친 예의 바름의 이면에는 타인을 향한 숨겨진 공격성과 적대감이 있다. 주위 사람들과 '잘 지내기' 위해 자신의 의지와 감정을 억누르는 것이다. 그 숨겨진 분노는 노년에 이르러 본인도 이해할 수 없는 신체적 증상으로 나타나곤 한다.

≫

자신의 가치관을 반성할 수 있는가

어떤 교사는 자기주장이 강한 학생을 긍정적으로 평가한다. 수동적으로, 남이 시키는 대로만 할 뿐 자기주장을 펴지 못하는 학생을 보다 보면, 그런 교사의 평가가 이해되기도 한다.

그러나 관점을 달리하면, 자기주장이 강한 사람은 엄

청난 나르시시스트인 경우가 있다. 나르시시스트는 오직 자기밖에 생각하지 않는다. 다른 사람의 심리적 아픔을 알지 못하며, 자신이 남에게 폐를 끼치고 있다는 것도 모른다.

관점을 바꾸면 장점은 그대로 단점이 되고, 단점은 그대로 장점이 되기도 한다.

인생에서 막다른 골목에 이르렀을 때는 자신의 가치관을 되돌아보는 편이 좋다. 가치관이 일그러져 있었다는 사실을 깨달을 때, 자신의 관점이 평면적이었음을 자각할 때, 또 다른 길이 열린다. 다른 관점을 얻으면 새로운 길이 열리는 것이다.

파스칼의 고전적인 은유 중 이런 말이 있다.

"입이 하나뿐이라고 괴로워하는 사람이 있겠는가? 반면 눈이 하나뿐이라면 괴로워하지 않을 사람이 있겠는가?"[17]

인생에서 만나는 장애물을 그저 무거운 짐으로만 짊

어질 것인가, 아니면 전혀 짐으로 느끼지 않을 것인가. 이는 전적으로 그 사람의 패러다임에 달렸다. 나쁜 상황을 피할 수는 없더라도, 적어도 자신의 생각과 요구, 습관은 바꿀 수 있다.

대상에 집착하지 마라. 그러면 그것이 필요하다고 생각하지 않게 된다.
반드시 필요하다고 생각하지 마라. 그러면 반드시 필요하지 않게 된다.[18]

에피쿠로스는 이렇게 썼다.
"타인을 보는 방식을 바꾸는 것 또한 하나의 방법이다."

실패한 사람을 바보 취급하는 한, 실패에 대한 두려움은 사라지지 않는다. 실패가 두렵지 않으려면 자기 자신에 대한 관점을 바꿔야 한다. 자신을 대하는 스스로의 태도를 바꾸어야 하는 것이다.

누구에게나 상냥한 사람이 껴안고 있는 문제

불행에 빠지는 사람은 병든 집단 속에 있어도 그 위험성을 느끼지 못한다. 가족이든 친구든, 병든 집단은 개인의 성장을 왜곡시킨다. 병든 집단에 잘 적응한 사람일수록 마음의 병이 심각하다.

그런 곳에 있으면 관점이 하나가 된다. 사이비 종교가 대표적인 예다. 그 집단에 적응한 구성원은 다들 공포에 길들여져 있다. 고립과 추방이 두려워 집단의 일그러진 의식에 맹목적으로 동조하는 것이다.

자아를 확립하려면 안정감이 필요한데, 고립과 추방이 두려우면 그 안정감을 얻지 못한다. 자신이 병든 집단에 있다는 사실을 깨달았을 때는 너무 늦은 경우가 많다. 옴진리교˚ 간부들처럼, 깨달음의 대가가 사형 판결일지도 모른다.

◆ 일본의 사이비 종교. 1995년 도쿄의 지하철에 맹독성 신경가스 사린을 살포해 14명이 사망하고 6,300명이 중경상을 입었다.

사회적으로 훌륭하다고 평가받던 한 아이가 조울증에 걸렸다. 아이의 어머니는 일찍 남편을 여의고 홀로 아이를 키웠고, 주위에서는 교육열 높은 헌신적인 어머니라 여겼다. 겉보기엔 아이의 발병을 이해하기 어렵겠지만, 문제는 교육에 매달린 마음의 '동기'에 있었다.

그녀는 남편을 일찍 잃은 마음의 공허를 메우기 위해 아이의 교육에 열정을 쏟았다. 남편에 대한 의존심이 투영되어 아이에게는 "아버지처럼 훌륭한 사람이 되려무나" 하고 말했다.

이것이 훌륭한 어머니에게 숨겨진 공격성이다. 행동이라는 관점에서 보면 '자식 교육에 열심인 좋은 어머니'지만, 동기라는 마음의 관점에서 보면 '아이를 있는 그대로 사랑할 능력이 없는 어머니'인 셈이다.

사회적으로 훌륭한 인물 중에도 이처럼 동기에 문제가 있는 사람이 많다. 1997년 3월 6일 미국 ABC 뉴스는 〈헤로인〉이라는 특집 방송을 내보냈다. 거기에는 헤로인

과다 복용으로 사망한 한 소년의 사연이 소개되었다. 그는 학교에서 가장 인기 있는 학생 중 하나였다. 소년과 절친했던 소녀는 이렇게 회상했다. "그 애는 누구에게나 상냥했어요. 정말 특별한 아이였죠."[19]

소년은 그런 식으로 죽었다는 사실이 믿기지 않을 정도로 밝고 우수한 아이였을 것이다. 그러나 '누구에게나 상냥했던' 그 소년은 실은 '누구에게도 미움받기 싫은 사람'이었을 것이다.

소년이 누구에게 사랑받고 싶었는지는 알 수 없다. '이 사람에게 사랑받고 싶었다'라고 할 만한 특정한 인물이 없었을지도 모른다. 분명한 건, 소년의 상냥함은 타인의 호감을 사기 위한 수단이었을 뿐, 상대를 진심으로 사랑해서 나온 친절은 아니었다는 점이다.

다른 사람과의 관계에서 자기 자신을 잃어버린 사람이 종종 약물에 손을 대고는 한다. 누구에게나 상냥했던 소년이 이런 문제를 일으켰다는 점을 생각하면, 소년의

'상냥함'에는 문제가 있던 것이다. 사회적으로 보면 훌륭한 소년이었을지 몰라도, 심리적 성장에는 실패한 것이다.

인터뷰에 응한 여학생처럼 자기만의 시각에 갇혀 있으면 상대의 숨겨진 동기를 알아차리지 못한다. 오직 겉으로 드러난 행동만 보게 되는데, 이는 관점이 단 하나뿐이기 때문이다.

이때 관점을 바꿔 '이 사람은 오랫동안 기본적인 욕구가 충족되지 않았던 게 아닐까?'라는 시선으로 바라보자. 그러면 의외로 상대를 훨씬 더 깊이 이해할 수 있게 된다.

▸▸

성실해 보이지만 위험한 사람

미국의 10대 자살자 중에는 학교 성적이 좋았던 사람이 많다. 학업에 문제가 있었던 사람은 고작 11퍼센트다.[20]

자살한 학생들은 대체로 자기 자신을 억누르며 애써

모범생으로 살아왔다. 하지만 그 마음속은 불안으로 가득했을 것이다. 노력해서 성적을 올리고 평판을 높여봤자 내면의 갈증은 커지기만 했을 것이다.

자신의 욕구를 억지로 누르면 누를수록 무의식의 영역에서는 증오가 쌓여간다. 급기야 다른 사람을 망가트리고 싶다는 충동이 일고, 남을 엽총으로 쏘는 상상까지 하게 된다.

그들은 모범생이라는 가면을 쓴 채 살아가는 게 괴로웠을 것이다. 하지만 어느 순간, 이미 돌이킬 수 없는 강을 건너버렸는지도 모른다. 겉으로는 성공 가도를 질주하는 것처럼 보였을지 모르나, 실상 그 길은 인생의 패배자로 향하는 길이었을 수도 있다.

비극의 길을 달리는 사람은, 본인이 어떤 관점에 사로잡혀 있는지 자각하지 못한다. 여기서 핵심 문제는 바로 '자각하지 못함'이다.

성실하게 노력하는 사람들의 동기를 한번 살펴보자. 먼저 자신의 목적을 향해 성실하게 노력하며 살아가는 사람이 있다. 이는 자기실현을 위한 성실함이다.

자신의 내면을 희생하지 않고 성장하는 사람은 저절로 능동성, 사회성, 적극성, 자주성을 갖추게 된다. 노력하는 과정 그 자체에서 내면의 힘이 길러지기 때문이다.

이것이 곧 그 사람의 인격을 단단하게 채우는 자양분(또는 본질)이다. 사회적으로 성공할지 실패할지는 알 수 없으나, '행복한 인생'이라는 관점에서 보면 그는 분명 성공한 인생을 사는 것이다.

반면 남들에게 인정받기 위해 성공을 추구하며 성실하게 살아가는 사람도 있다. 이는 자신을 방어하기 위한 성실함이다. 이런 사람은 대체로 사회적으로는 높은 평가를 받는다. 하지만 아무리 성실하게 노력해도 내면의 힘은 생기지 않는다.

관점을 바꿔 말하면, 인간으로서는 성장하지 않는 것이다. 안타깝게도 많은 이들이 노년기에 접어든 뒤에 이 사실을 깨닫는다.

'인정받고 싶다', '사랑받고 싶다'는 기본적 욕구가 결핍된 상태에서는 성장을 위한 동기가 생겨나기 어렵다. 매일 무리를 하고 있으니 몸과 마음의 아픔도 피할 수 없다.

이런 사람은 마음이 늘 불만으로 가득하다. 하지만 인정과 사랑을 갈구하는 입장이기에, 그 불만을 겉으로 직접 표현할 수도 없다. 그러니 그 불만은 이윽고 원한으로 변한다.

기본적인 욕구가 충족되지 않았는데 "긍정적으로 생각해"라고 말해봤자 도움이 되지 않는다. 이것이 '성실하고 좋은 사람이지만 마음 깊은 곳에 증오심이 있는' 부류다. 사회적으로 성공했을지언정, 그들의 마음속은 짜증으로 가득하다.

그들은 심적으로 서서히 소진되어 간다. 불만을 표현할 수 있다면 응어리가 해소되어 마음이 편안해질 텐데, 그걸 깨닫지 못한다.

처음으로 '번아웃 증후군'이라는 개념을 제창한 미국의 심리학자 허버트 프로이덴버거는 "사랑받고 싶고 인정받고 싶다는 욕구가 강한 사람일수록 번아웃이 올 확률이 높다"라고 말했다. 이런 사람들은 처음에는 성공한 듯이 보여도, 도중에 무너져 내린다. 긴 관점에서 보면 실패지만 그때그때의 짧은 관점에서는 성공한 듯이 보였을 뿐이다.

엄밀히 말해 그들은 실패했기 때문에 괴로운 것이 아니다. 자신의 인생을 바라보는 '관점' 때문에 괴로운 것이다. 이런 사람들은 마음챙김을 하지 않는 한 구원받을 길이 없다. 마음의 평온을 찾지 못한 채, 치유되지 않은 몸과 마음의 아픔을 안고 살아갈 뿐이다.

>>

스스로에게 가장 좋지 않은 것이 무엇인지 아는가

같은 실패라도 '그 사람다운 실패'는 다르다. 그런 종류의 실패는 단기적인 시각에서는 실패로 보일지 몰라도,

긴 인생의 흐름에서 보면 성공으로 향하는 과정인 경우가 많다.

반대로 '그 사람답지 않은 성공'은 장기적으로 볼 때 대체로 실패의 원인이 된다. 출세 가도를 달리던 엘리트 공무원이 자살하는 경우가 바로 그렇다. 그때까지 인생에서 성공만 해온 것이 오히려 죽을 만큼 좌절하는 원인이 되는 것이다. 차라리 더 일찍 실패를 맛보았더라면 '과연 이 길이 나한테 어울리나?'하고 스스로 돌아볼 기회가 있었을지도 모른다.

요컨대 문제는 '실패란 무엇인가?', '성공은 누구의 것인가?'하는 것이다.

사회적으로 실패했어도 스스로 긍지를 잃지 않는 사람이 있다. 이런 이들을 "우습네"하고 단정 짓는 사람도 있다. 하지만 "우습네"라고 말하는 사람 쪽이 우스운 법이다.

중요한 건 자기답게 살아가는 것이며, 성공이나 실패는 그때그때의 관점 문제다.

르네상스 이후 문화 전체의 분위기가, 타인을 앞질러 승리를 거둠으로써 자아실현을 이루라고 다그쳤다.[21]

경쟁에서 이기는 것은 자아실현이 아니다. 경쟁에서 이긴다고 마음의 갈등이 해소되지도 않는다. 그런데도 경쟁에서 이김으로써 많은 사람들에게 인정받으려 한다. 그 동기는 불안이다. 결국 이기든 지든 불안은 눈덩이처럼 불어날 뿐이다.

중요한 점 하나를 말하자면, 미켈란젤로처럼 실제로 개인주의적 싸움에 성공한 사람들에게서도 긴장이나 절망의 저류底流를 볼 수 있다는 것이다.[22]

실패를 두려워하는 사람이 절벽에서 뛰어내릴 각오로 무언가에 도전해 성공한다 해도, 아이러니하게도 그것이 진정한 자신감으로 이어지지는 않는다. 오히려 훗날 실패하게 되면 극단적인 선택을 하는 경우조차 있다.

그런 어리석은 짓을 저지르지 않으려면 '나에게 절망

이란 무엇인가', '나에게 인생의 끝이란 무엇인가'를 깊이 이해해야 한다. 그 과정에서 시야가 넓어진다. 다시 말해 마음챙김을 할 수 있게 되는 것이다.

정신과 의사이자 대인관계 이론의 창시자인 해리 스택 설리번은 이렇게 말했다.

불안은 성장을 제한하고 인식의 범위를 좁히며 감정생활의 영역을 축소시킨다. 정동적 건강Emotional health◆은 개인의 인식 범위와 직결된다. 그러므로 불안을 명확하게 규정하는 것은 인식을 확장하고 자아를 확대하는 일이며, 이는 곧 정동적 건강을 발달시키는 길이기도 하다.[23]

바꿔 말하면, 사람은 불안과 굴욕을 마주하고 견뎌냄으로써 언젠가 시야가 넓어진다는 뜻이기도 하다.

◆ 정신적 건강의 한 영역으로 감정을 자각 · 표현 · 조절하는 능력이 원만하여 삶의 균형과 안정을 유지하는 상태.

마음챙김과 심신의학

마음의 상태가 신체의 건강에 영향을 준다는 근거가 명확해지고 있다. 비록 그 영향력이 페니실린이 패혈성 인두염에 발휘하는 효과만큼 드라마틱하지는 않을지라도, 분명 유의미하다.[24]

심신의학Mind-body Medicine◆의 기본 이념 중 하나는, 인간을 이해할 때 몸과 마음을 아우르는 전체적인 관점에서 바라봐야 한다는 것이다. 정신적 고통의 치유는 현대 의학을 보완하는 데 결코 빼놓을 수 없는 요소다.

심신의학에는 또 하나의 이념이 있다. 바로 사람은 본인의 건강 관리에 적극적으로 관여할 수 있으며, 자신의 심리 상태를 관리하려고 노력함으로써 병을 예방하거나 회복을 앞당길 수도 있다는 것이다.

물론 이 원칙은 건강과 질병에 작용하는 수많은 변수

◆ 육체적 질병을 정신적 원인과 연관 지어 연구하고 치료하는 학문.

를 현실적으로 고려하여 받아들여야 한다. 행복한 생각만으로 병을 완치할 수 있다고 주장하는 사람은 아무도 없다. 그런 지나친 단순화는 생물학의 복잡성이나 우리 유전자에 새겨진 운명을 무시하는 처사다.

게다가 그런 사고방식은 자칫 "병에 걸린 건 내 탓"이라는 불필요한 죄책감을 심을 수 있다. 이는 심신의학이 전하려는 메시지가 아니다.

여기서 중요한 점은 마음까지 아우르는 치료가 병의 여러 가지 증세를 확실히 경감시키고, 증상의 빈도를 줄일 수 있다는 사실이다.

예컨대 만성 두통의 횟수를 줄이고, 항암 화학 요법으로 인한 구역질을 억제하고, 수술 후 회복을 앞당기며, 관절염 환자의 통증을 완화해 거동을 돕는 식이다. 나아가 질병에 대한 신체 저항력(면역력)을 강화할 수도 있다.[25]

이러한 생각을 바탕으로, 나는 마음챙김이 '정신신경면역학Psychoneuroimmunology'이라고 불리는 의학 분야의 중요한 축으로 자리매김해야 한다고 생각한다.

내 지인 중 한 명은 성인이 되어 찾아온 불안 장애 탓에 온갖 질병에 시달렸다. 원인을 알 수 없는 심신의 통증을 호소하던 그는, 마음챙김을 통해 비로소 다시 한 사람의 사회인으로 살아갈 수 있게 되었다. 물론 그 배경에는 새로운 관점을 제시해 준 뛰어난 정신의학자와의 만남이 있었다. 하지만 무엇보다 결정적인 것은 자신을 모욕해 온 주위 사람들을 바라보는 '관점의 변화'였다.

그는 주위 사람들이 자신을 모욕함으로써 마음의 위안을 얻으려 했을 뿐이라는 사실을 깨달았다. 이 관점의 영향력은 컸다. 그로 인해 세상을 보는 관점이 확장된 것이다.

이전까지 그는 자신을 모욕하는 주위 사람들을 본인보다 사회적 지위가 높다는 관점으로만 봤다. 그러나 그 관점을 수정하는 데 성공함으로써, 만성적 피로와 몸과 마음의 아픔에서 해방되었다.

이성과 감정을 통합해서 생각함으로써 우리는 건강과 행복에 대한 맥락의 중요성을 이해할 수 있다. 의사가 암 진단의 한 방법으로 생검(조직 검사)을 받으라고 말할 때 우리가 느낄 공포를 상상해 보라. 유방의 조그만 멍울이나 점을 떼어내는 것은 실제로 병든 부분을 제거하는 것보다는 절개 부위가 크지 않다. 하지만 우리는 그 수술뿐만 아니라 의사가 하는 일에 대한 우리 나름의 해석에서도 공포를 느낀다.

이처럼 우리의 이성은 기분을 좌우하는 맥락을 스스로 만들어 낸다. 건강에 대해 생각할 때, 특히 병의 영향력을 줄이거나 병과 연관되는 행동을 바로잡으려고 하는 경우에는 반드시 이 맥락을 이해해야 한다.[26]

나 역시 암 수술을 받은 적이 있다. 그리고 그때 암에 걸린 사람의 심리를 되도록 많이 조사했다. 그 과정이 내게 미친 영향은 놀라울 정도로 컸다. 결론적으로 나는 이 마음챙김 행동 덕분에 진통제와 진정제 사용량을 줄일 수 있었고, 의사의 예상보다 빠른 시기에 퇴원할 수 있었다.

제 2 장

행복의 열쇠는 사물을 보는 관점에 있다

고민이 끊이지 않는 사람의 문제점

지금까지 설명해 왔듯이 마음챙김이란 다면적인 시각으로 사물을 바라보는 것을 말한다. 이는 우리가 어떤 일로 인해 괴로울 때, 그 상황을 다른 관점에서 바라볼 수 있도록 도와준다.

대니얼 골먼은 자신의 저서에서 마음챙김이 감정 관리를 돕는다고 썼다.[27] 시버리가 말한 "주의에 주의하라"는 조언 또한 결국 마음챙김을 하라는 것이다.

현재 자신의 주의가 어디를 향해 있는지 자각할 때, 비로소 우리는 사실을 다른 관점에서 바라보는 마음챙김의 상태에 이르게 된다.

다면적인 관점을 가지면 새로운 세상이 열린다. 그러면 같은 경험을 하더라도 걱정으로 마음이 들끓는 일이 줄어든다.

반면, 고민이 끊이지 않는 사람은 마음이 닫힌 상태,

즉 마음놓침이 습관화되어 있다. 그 결과 원인을 알 수 없는 심신의 통증으로 고통받는 경우가 많다.

이솝 우화에 다음과 같은 이야기가 있다.

한 농부의 밭에 열매가 열리지 않는 나무 한 그루가 있었습니다. 그러다 보니 그곳은 성가신 참새와 매미의 쉼터가 되었습니다. 어느 날 농부는 그 나무를 베어 버리기로 결심했습니다.

도끼를 들어 나무를 한 번 내리쳤을 때였습니다. 참새와 매미는 자신들의 쉼터를 베지 말라고 간청했습니다. 이제껏 그래왔듯이 노래를 불러 당신을 즐겁게 해주겠다고 애원했습니다. 하지만 농부는 눈 하나 깜짝하지 않았습니다. 두 번, 세 번 도끼를 내리치자, 나무는 점차 그 속을 드러냈습니다. 놀랍게도 나무의 속은 텅 비어 있었고, 그 안에서는 꿀벌 무리와 벌꿀이 흘러나왔습니다. 벌꿀을 맛본 농부는 즉시 도끼를 내던졌습니다. 그리고 그 나무를 신성한 나무로 받들며 애지중지 모시게 되었습니다.

참새와 매미의 노래를 즐기는 사람에게는 열매가 열리지 않는 나무도 가치가 있다. 실리를 중시하는 사람에게는 쓸모없는 나무일지 몰라도, 참새와 매미를 좋아하는 사람이라면 그 나무를 신에게 바칠 수도 있을 것이다. 나무 자체는 그대로지만, 사람에 따라 그 가치는 천차만별로 달라진다.

따라서 누군가 당신에게 '가치가 없다'고 말한다 해도, 그것은 그저 그 사람의 가치관에 따른 이야기일 뿐이다. 그는 오직 자신의 관점으로만 당신을 바라보고 있다. 또한 상대의 평가 기준조차 상황이나 그 사람의 기분에 따라 달라질 수 있다는 점을 주의해야 한다.

어떤 가치관이나 발상을 품느냐에 따라 사물은 다르게 보인다. 주위 사람들이 당신을 멸시한다고 해서, 당신이 결코 가치 없는 사람이 되는 것은 아니다.

전쟁으로 오른팔을 잃은 두 사람의 차이

오스트리아의 정신의학자 알프레드 아들러는 제1차 세계대전이 한창이던 1915년, 이탈리아와 오스트리아-헝가리 제국 사이의 전쟁에 징집되어 빈의 한 병원에서 내과의로 근무했다. 그곳에서 그는 수많은 전쟁 신경증(불안 장애) 환자를 진료할 기회를 얻었고, 이를 통해 '공동체 감각'이 무엇보다 중요하다는 사실을 발견했다.[28]

그는 자신의 경험담을 다음과 같이 기록했다.[29]

전쟁에 나가기 전 어느 날, 두 환자가 진료실을 찾아왔다. 그리고 전쟁이 끝나고 2년 뒤, 그 두 사람이 다시 왔다.

그중 한 사람이 말했다.

"아들러 박사님, 저는 오른팔이 없이도 매우 잘 지내고 있답니다. 오른팔을 잃기 전보다 더 좋은 직업을 얻었습니다. 결혼도 했고 건강한 사내아이도 태어났어요."[30]

반면 다른 한 사람은 이렇게 말했다.

"저는 오른팔이 없어서 너무나 절망적입니다. 일을 할 수 없을뿐더러 결혼은 언감생심이지요. 저는 이제 사람도 아닙니다. 나무토막이나 마찬가지예요."[31]

두 번째 사람은 자신의 인생이 끝났다고 말하고 있다. 하지만 이는 어디까지나 현재의 관점을 고집할 경우 '내 인생은 끝장이다'라는 뜻이다. 만약 그가 다른 관점을 갖는다면, 또 다른 인생을 시작할 수 있을지도 모른다.

엘렌 랭어는 비행기의 흔들림과 롤러코스터의 흔들림은 사실상 같지만, 하나는 즐겁고 다른 하나는 공포스럽다고 말했다. 그의 말에 따르면 같은 성질을 가진 자극이라도 다른 이름으로 부르면 다른 자극이 된다고 한다. 확실히 맞는 말이다.[32]

물론 마음챙김을 한다고 해서 불쾌한 경험이 모조리 사라질 정도로 인생이 만만한 것은 아니다. 마음챙김을 한다고 당장 좌골신경통이 낫는 것도 아니다. 아무리 마음챙김을 해도 기나긴 인생 속에서는 '괴로워서 더는 살 수가 없어'라는 생각이 들 때가 있다.

하지만 우리는 해석의 영향력이 얼마나 큰지 너무나 쉽게 잊어버린다. 사실 그 자체 때문에 괴로운 것이 아니라 그 사실에 대한 자신의 해석 때문에 괴로운 경우가 훨씬 많다.

게다가 마음놓침 상태에 있는 사람은 현재 자신의 해석이 유일한 해석이라고만 생각한다. 내 해석이 수많은 가능성 중 하나에 지나지 않는다는 점을 깨달으면, 현실은 변하지 않을지언정 마음은 다소나마 달라진다. 지금의 괴로움을 '내 성장의 과정'이라고 해석함으로써, 조금은 편안해질 수 있는 것이다. 괴로운 일을 겪으면 물론 고통스럽지만, 그런 관점을 통해 희망을 가질 수 있다.

조금만 발상을 바꾸고, 조금만 더 궁리하고, 조금만 더 적극적으로 태도를 바꾼다면, 과도한 걱정 없이도 살아갈 길이 열릴 때가 있다.

지치는 이유는 대단한 인물인 척하며 살아가기 때문

스위스의 철학자이자 법학자 카를 힐티는 『행복론』에서 이렇게 말했다.

"이제껏 한 번도 커다란 고통을 겪지 못했고, 자아의 큰 패배도 경험하지 못했으며, 실의의 늪에 가라앉아본 적 없는 사람은 쓸모가 없다. 그런 사람은 어딘가 옹졸하고, 또 그 태도와 행동은 오만하고도 독선적이며 불친절한 면모마저 있다.[33] "

뒤이어 그는 "사람은 누구나 자신의 형태를 완성시켜야 한다"라고도 썼다. 보리가 베어져 탈곡되고, 맷돌에 갈려 하얀 가루가 되고, 다시 불에 구워져 빵이 되듯이 인생에도 저마다의 과정이 있다는 것이다.

인생에는 반드시 고통이 뒤따른다. 고통이 닥쳤을 때 그것에만 사로잡혀 산산조각 나는 사람이 있다. 그러나 고통은 고통만으로 존재하지 않는다. 살아가는 방식에 따라서는 성장이 함께 오는 경우도 있다.

마음챙김을 하는 사람은 인생을 '결과'라는 관점이 아니라 '과정'으로 본다. 현재의 괴로움을 행복으로 향해 가는 과정으로 볼 수 있는지 없는지에 따라 고통의 정도가 달라진다. 이때 중요한 것은 '얽매이지 않는 마음'이다. 마음챙김을 한다고 해서 괴로운 인생이 괴롭지 않아질 리 없다. 하지만 마음챙김은 그 고통의 시기를 극복할 방법을 익히도록 도와준다.

고통은 피하려고 하면 할수록 거대해진다. 고통을 피하려고 애쓰는 사람일수록 그 고통을 더 비참하게 느낀다. 담담하게 자신의 인생을 살아가려는 사람에게는 하나의 고통이 하나로 그치지만, 요란스레 피하려고 하는 사람에게는 열 개로도, 백 개로도 느껴지는 법이다.[34]

마음챙김은 마법의 지팡이가 아니다. 그래도 마음챙 김을 하면서 힘을 빼고 머리를 유연하게 만들어, 지금보다 더 어리석어지자. 여기서 어리석어지자는 것은 남들에게 대단한 인물인 척하며 사는 것을 그만두자는 뜻이다. 그런

관점에서는 "노력하는 것을 그만두자"라고 바꿔 말할 수
도 있을 것이다.

얽매인 마음이 감정을 지배한다

자신감이 없는 사람은 무조건 남의 의견을 듣고 싶어
한다.

> "우리는 종종 다른 사람이 무엇을 옳다고 생각하는지에 따라
> 사물의 옳고 그름을 판단하곤 한다.[35]"

암이라는 말을 듣고 극심한 불안에 휩싸여 오히려 건
강을 해치는 사람도 많이 있다. 그들은 대부분 이렇게 말
을 한다.

"암은 불치병이기 때문에 다들 심각하게 여기니까,
의사에게 암 진단을 받으면 큰일 났다는 생각이 들기 마
련이다."

그러면서 "정밀 검사를 하겠습니다"라는 말만 들어

도 벌벌 떨며 드러눕는 것이다. 이런 경우 여러모로 건강에 주의를 기울이는데도, 스트레스로 인해 몸 상태는 더 나빠진다.

하지만 암 선고를 긍정적으로 받아들이는 사람도 있다. 그 경험을 하지 않았다면 평생 깨닫지 못했을 교훈을 얻었다고 여기거나, 더 훌륭한 인간으로 성장하기 위해 피치 못하게 겪어야 할 일이라고 해석하는 것이다. 또 조기에 발견한 것에 감사하는 사람도 있다. '지금이라서 대처할 수 있어서 다행이야. 만약 1년만 늦게 발견했더라면 더 힘들었을 거야'라며 긍정적으로 받아들이는 것이다.

같은 암이라도 어떻게 받아들이느냐에 따라 건강에도 큰 차이가 나타난다.

건강과 행복은 깊은 관계가 있을까? 대부분의 사람은 관계가 있다고 생각하겠지만 꼭 그렇지만은 않다. 행복과 관계있는 것은 오히려 본인의 '주관적 건강관'이다.

'병에 걸린 당사자가 스스로 얼마나 건강을 해쳤다고

생각하는가'. 바로 이 주관적 인식이 행복과 깊은 관련이 있는 것이다. 의사가 판단하는 객관적 수치는 의외로 행복과 큰 상관이 없다.[36]

암에 걸렸거나 큰 수술이 필요할 때, 그 현실을 정면으로 마주할 수 있는지 없는지를 가르는 것은 그 사실에 대한 당사자의 납득 여부다. 우리는 개인 고유의 감정에 기반한 해석이 사실을 얼마나 무시무시하게 왜곡할 수 있는지, 그리고 편향된 확신이 얼마나 무서운지 깨달을 필요가 있다.

미국의 심리학자 마틴 셀리그만은 이에 관해 다음과 같은 실험을 했다.[37]

젖을 뗀 지 얼마 안 되는 쥐를 세 개의 그룹으로 나눈다. 첫 번째는 피할 수 있는 충격을 주는 그룹, 두 번째는 피할 수 없는 전기 충격을 주는 그룹, 마지막 세 번째는 충격을 주지 않는 그룹이다. 쥐가 성장하면 새로운 테스트를 한다. 탈출 가능한 장치에 이 쥐들을 넣고, 충격으로부터 달아날 수 있는지 보는 것이다. 어릴 적 피할 수 있는 충격을 받은 쥐와 충격을 받지 않은 쥐는 손쉽게 달아났다. 하지만 젖을 떼고 곧바로 '피하지 못하는 충격'을 받은 쥐는 무기력했고, 결국 달아나는 데 실패했다.

위기 상황에서 발휘되는 초인적 능력까지는 아니더라도, 사람에게는 분명 난관을 헤쳐 나갈 힘이 있다. 그런데도 스스로 힘이 없다고 생각해 자신의 잠재적 가능성을 실현하려고 노력하지 않는 경우가 있다. 이는 달아날 수 있는데도 달아나지 않았던 실험실의 쥐와 똑같다.

사실에 진 것이 아니다. 사실에 대한 자신의 '해석'에 진 것이다. 이것이 바로 편향된 확신이며, 얽매인 마음이다.

엘렌 랭어도 "감정은 얽매인 마음에서 온다"라고 말했다.

같은 자극이라도 다른 맥락에서는 다른 감정이 된다는 사실을 깨닫지 못하면, 우리는 스스로 만들어 낸 감정 연상의 희생자가 된다. 요컨대 불쾌한 감정에 시달릴 때 더는 어쩔 도리가 없다고 생각하는 것이다. 그것을 받아들이는 다른 방식이 있는데도 말이다.[38]

>>

자신을 특별한 사람으로 여기지 마라

사람은 건강과 부, 성공을 지나치게 추구하기 때문에 조바심과 불안을 느낀다. 불안 장애를 앓는 사람은 사회적으로 성공해도 괴로워한다. 성공했음에도 실망감을 감추지 못한다. 현재의 성취가 자신이 기대했던 거대한 성공에는 미치지 못한다고 여기기 때문이다.[39]

엄밀히 말해 성공이나 실패는 그저 사실일 뿐이다. 그것은 본질적으로 기쁨이나 슬픔과는 관계가 없다. 콤플렉스가 없고 진정 좋아하는 일을 하는 사람은, 설령 실패하더라도 자기 본연의 모습 그대로 지닐 수 있다.

하지만 '난 이걸 좋아해'라며 스스로를 속이면서 싫은 일을 억지로 하면, 실패했을 때는 분노가 치밀고 성공한다 해도 울화가 터진다. 타인에게 인정받기 위해 싫은 일을 붙들고 억지로 노력하면, 성공하지 못했을 때 절망하는 것이다. 성공한다 해도 마음속으로는 초조함을 느낀다. 이는 마치 아이들이 싫은 일을 할 때, 조금만 지적받아도 불같이 화를 내는 것과 같은 이치다.

이처럼 사람은 한 가지 사실에 대해 다양한 반응을 할 수 있다. 사람은 여러 반응 가운데 하나를 선택하며, 그 선택의 주체는 바로 자기 자신이다.

지금 느끼는 감정이 그 사실에 대한 유일한 반응이라 믿는 사람은, 분명 '내 삶에는 왜 이다지도 번뇌가 많을까?'하고 한탄하며 살아갈 것이다. 그런 갖가지 고뇌를 만들어 내는 것이 바로 본인의 관점이라는 사실을 깨닫지 못한 채 말이다.

행복의 열쇠를 쥔 것은 결국 자신의 관점이다. 마음

챙김은 '삶은 괴롭다'는 사실 자체를 부정하는 게 아니다. 살아간다는 것은 본디 괴로운 일이다. 그것은 누구에게나 마찬가지다.

'지금 당신은 무엇에 얽매여 있는가?' 이를 이해하고자 하는 마음이 행복을 향한 당신의 첫걸음이 될 것이다.

관점을 바꾼다는 것은 스스로를 특별한 예외로 보지 않는다는 뜻이기도 하다. 내 인생에도 다른 평범한 사람들과 마찬가지로 괴로운 일이 얼마든지 일어날 수 있다는 사실을 받아들이는 것이다.

자신에게만 특별히 쉬운 인생이 마련되어 있으리라고 기대하면 사소한 일에도 "괴롭다! 괴로워!" 하며 호들갑을 떨게 된다.

나에게만 특별히 쉬운 인생이 마련되어 있기를 바라는 것은 비현실적인 요구이지 않은가. 그런데도 세상에는 '내 인생은 마땅히 이래야 한다'며 쉬운 삶을 지나치게 갈망하는 사람이 많다.

심리적으로 불안한 사람에게는 명상이 좋다

심리적으로 불안한 사람은 주위 환경이 평화로워도 위험하다고 느끼며 긴장한다. 현실에 실질적인 위협이 없어도 위협으로 받아들이는 것이다.

이러한 심리적 사실을 우선은 머리로 이해해야 한다. 그런 다음, 역으로 그 사람 마음속의 '자연법칙'을 의식적으로 활용하는 것이 중요하다. 이것이 바로 인간의 이성이다.

엘렌 랭어에 따르면 낯선 의료진이 중증 심장병 환자를 회진할 경우 다른 시간대보다 돌연사 가능성이 무려 다섯 배나 높아진다고 한다. 환자 입장에서는 낯익은 의료진이 마음에 안정을 주기 때문일 것이다.

따라서 심리적으로 불안정한 사람에게는 눈을 감고 자신이 지금 가장 있고 싶은 장소에 있다고 생각하는 것이 좋은 영향을 줄 수 있다.

의학 박사 대니얼 골먼과 《아메리칸 헬스》의 전 편집장 조엘 구린은 「심신의학*이란 무엇인가」라는 논문 서두에서 다음과 같이 말했다.

"클리블랜드의 한 병원에서는 오랜 기간 암으로 고통받아 온 아이들에게 자신이 편안함을 느끼는 행복한 장소에 있다고 상상하도록 지도한다. 그럼으로써 아이들은 통증을 완화할 수 있다.[40]"

명상은 또 다른 연구에서도 성과를 보이고 있다.

매사추세츠대학 의료 센터에서는 심장병, 암, 당뇨병, 만성 요통, 대장염 등 다양한 질환으로 고통받는 환자 서른 명에게 명상을 하게 했다. 조용히 앉아서 눈을 감고, 호흡하며 정신을 집중시킨다. 이 간단한 행동을 매일 습관처럼 했던 환자들은 대부분 통증이 줄어들었고, 병과 관련된 여러 증세까지 호

◆ 신체적 질병을 정신적 원인과 연관 지어 연구하는 학문.

전되었다고 보고되었다.[41]

그렇다고 이것이 환자에게 현실을 부정하도록 만드는 것은 아니다. 환자는 자신의 진짜 마음을 숨기지 않는다. 그렇기에 여기에는 의식과 무의식 사이의 괴리가 없다.

명상이나 마음챙김은 어려움에 대처하는 현명한 방식의 하나로, 결코 현실을 도피하거나 부정하는 행위가 아니다. 다만, 주의하지 않으면 자칫 현실 부정으로 변질될 위험은 있다.

불안 장애를 앓는 사람에 대해서도 같은 맥락으로 볼 수 있지 않을까. 불안 장애를 앓는 부모 밑에서 자란 아이는 무의식적으로 모욕을 당하며, 결국 자신도 불안한 성향을 갖게 된다. 그 결과 주위 세계를 적으로 인식하고, 성인이 되어서도 과거 자신에게 모욕감을 안겨준 환경을 어릴 적과 똑같이 경계하게 되는 것이다. 이는 결국 불안 장애가 현실 부정으로 이어지기 쉬움을 시사한다.

➤➤

고뇌도 트러블도 성숙의 계기로 삼는다

고뇌를 좋아하는 사람은 세상에 없을 것이다. 우리가 아무리 고뇌 없는 인생을 바란다 해도, 그것은 이루지 못할 소망이라는 걸 잘 알고 있다.

하지만 관점을 바꾸면, 고뇌도 앞으로의 인생을 어떻게 살아가면 좋을지 알려주는 지침이 된다. 물론 괴로움에 빠진 대부분의 사람은 그 트러블이 자신에게 무엇을 가르쳐 주는지 미처 생각하지 못하는 편이다.

캐나다 작가 허버트 N. 카슨이 쓴 『행복을 붙잡는 열세 가지 힌트』[42]에서는 행복의 비결 중 하나로 '왜?'라고 질문하는 것을 꼽았다. 스스로에게 '왜?'라고 질문함으로써 마음속 갈등을 정면으로 마주하고 그 과정에서 내면의 힘을 얻는 것이다.

누구나 트러블을 피하고 싶어 한다. 하지만 살아 있는 한 안타깝게도 우리 인생에서 시련은 끊이지 않는다.

그러나 데이비드 시버리의 말처럼 관점을 바꾸면 "트러블은 인격을 성숙시키는 운명의 강장제"가[43] 되기도 한다. 실제로 시련을 이렇게 받아들이며 필사적으로 헤쳐 나가는 사람들도 있다.

"트러블은 성장의 척도이며, 다른 무엇보다도 인생에 의미를 부여해 준다.[44]"

트러블을 마주했을 때 마음속에서 그 의미를 이런 식으로 재정의할 수 있다. 고뇌도, 트러블도 결국 받아들이기 나름이다.

삶에는 지금 당신이 생각하는 것보다 훨씬 많은 길이 있다. 괴로움은 '내가 살아가는 데는 이 길밖에 없어'라는 생각에서 온다. 관점이 다양해져서 '이쪽에도 길이 있었구나'하고 깨닫는 순간, 행복은 가까워진다.

자신이 살아갈 길이 하나밖에 없다고 생각하는 이유는, 지금 걷고 있는 길을 스스로 선택하지 않았기 때문인 경우가 많다. 자기 인생을 온전한 본인의 의지로 주도하지 못하고 있기 때문이다.

앞서 언급한 카슨은 행복을 붙잡는 지혜 중 하나로 '왜?'라는 질문 외에 '찾아내기'도 들었다. 만약 인생에서 여러 가지 의미를 찾아낼 수 있다면, 자신이 이제껏 타인의 평판만을 유일한 기준으로 삼아왔음을 깨닫게 될 것이다. 행복으로 향하는 다음 문은 바로 그때 열린다.

이미 벌어진 일에 대한 집착을 버리면 될 것을, '이렇게 할 걸, 저렇게 할 걸' 후회하며 언제까지나 과거를 질질 끌고 다니는 사람이 있다. 이는 마치 빈 깡통을 요란하게 매달고 덜그럭거리며 걷는 꼴이나 마찬가지다. 그러면서 자신의 불만에 동조해 줄 사람을 찾지만, 그런 상대하고만 이야기를 나누니 불만이 사라질 리 만무하다.

이런 사람은 자신의 가치관도 바꾸지 않는다. 그래서 인생의 문이 도무지 활짝 열리지 않는 것이다.

삶의 의미를 신경 쓰지 마라

데이비드 시버리는 이렇게 말했다.

"무언가를 걱정할 때면, 그 이면에는 늘 우리가 애써 외면하는 핵심적인 사실이 숨어 있습니다. 그 사실은 끊임없이 당신에게 자신을 근본적으로 변화시키라고 다그칠 것입니다."[45]

불안을 적극적으로 해결하려는 사람에게는 시버리의 이 말이 깊이 와 닿을 것이다. 그러나 불안에 시달리는 사람은 정작 자신을 괴롭히는 고통의 실체를 모르는 경우가 많다. 괴로움의 주범이 다름 아닌 '자신의 고착된 관점'이라는 사실을 깨닫지 못하기 때문이다. 이처럼 문제의 핵심에서 달아나려는 태도는 결국 내면의 성숙을 방해한다.

'삶의 의미'나 '사회적 성공'이라는 거창한 관점에서 보면, 역사에 이름을 남긴 극소수를 제외하고 대부분의 인생은 완전히 무의미해 보인다. 그런 관점을 고집해서는 결코 절망감을 극복하지 못할 것이다.

결국 '삶의 의미'처럼 세계 역사상 누구도 명쾌한 답을 내놓지 못한 철학적 명제에 얽매인 관점은 과감히 버리는 편이 낫다.

삶의 의미를 깊이 생각해 보라는 조언을 누구에게 들었는지는 모르겠지만, 그런 잘못된 관점을 고수하는 일은 당신 인생에 해를 끼칠 뿐이다. 눈 딱 감고 지금의 관점을 바꿔보라. 그러면 비로소 마음챙김을 할 수 있게 된다.

≫

이룰 수 없는 소망이나
예기치 못한 실패에서 얻는 메시지

내가 번역한 미국의 작은 격언집에 "원하는 것을 얻지 못하는 건 때로 뜻밖의 행운이 된다"라는 말이 있었다.

세상에는 별다른 노력 없이 큰돈을 거머쥐었다가 그 후의 인생이 비극으로 치닫는 사람이 셀 수 없이 많다. 땅

값이 올라서 한몫 잡은 뒤 유흥가를 들락거리다가 일할 의욕을 잃고, 끝내 모든 돈을 탕진하고, 그 과정에서 곁을 지키던 성실한 사람들마저 다 떠나버려 결국 고독한 만년을 맞이하곤 한다. 거액의 상속 분쟁으로 가족 관계가 망가지고 정신적으로 피폐해지는 경우 또한 끊임없이 생겨난다.

원하는 것을 얻지 못했을 때 잠시 멈춰 서서 '이 경험이 나에게 무엇을 가르쳐 주는가?'라고 자문할 수 있는 사람, 그가 바로 마음챙김을 하는 사람이다. 이는 곧 행복으로 향하는 길을 주체적으로 선택할 수 있는 사람이라고 바꿔 말해도 좋다.

이룰 수 없는 소망이나 뜻밖의 실패는 '당신은 이 길로 가면 안 된다'는 신호일지도 모른다. '이 길은 당신에게 맞지 않는다', '당신의 적성과 다르니 다른 길을 찾아라' 하고 일러주는 조언일 수도 있다. 어쩌면 바로 그 실패가 행복으로 들어서는 문일지도 모르는 것이다.

실패를 '당신은 본래 이런 사람입니다(그러니 당신에게 맞는 길을 가세요)'라는 메시지로 받아들이면 된다. 그렇게 해석할 줄 아는 이가 진정으로 마음챙김을 하는 사람이다. 설령 원하는 것을 얻지 못해도 '그래도 괜찮아'라고 생각하는 마음의 여유를 가질 때, 훗날 진정으로 원하던 것을 얻게 되기도 한다.

>>

지름길로 가는 사람이 놓치는 것

성공을 오직 결과로만 바라보며 지름길을 찾는 사람은, 장기적으로 볼 때 큰 성과를 내지 못하는 경우가 많다. 설령 지름길로 가서 성공한다 해도, 그런 요행은 대개 단발성으로 끝나고 만다. 왜냐하면 그런 사람은 '올바른 방식'을 익히지 않았기 때문이다.

여기서 올바른 방식이란, 설령 사회적인 힘을 손에 넣었다 해도 그것만으로는 내면의 힘까지 가질 수 없다는 사실을 깨닫는 것이다.

길게 보면 지름길로 가지 않고 차분히 걸어간 사람이 오히려 더 효율적이다. 결국 이들이 바로 마음챙김을 실천하는 사람들인 셈이다.

성공하더라도 올바른 방식이 몸에 배어 있지 않으면 다음 도전에서 그때까지의 경험을 살릴 수 없다. 지름길로만 가려고 하는 사람은 결과만으로 인생을 판단하게 된다. 스스로에 대해 말할 때 '결과'의 관점으로 말할지, 아니면 살아온 방식이라는 '과정'으로 평가할지에 따라 그 사람에 대한 평가는 완전히 달라진다.

남들과 같은 길로는 만족하지 못해서, 자기한테만 특별히 쉽고도 짧은 길이 없는지 늘 찾아다니는 사람도 있다. 이런 사람은 신경증적 경향이 강하다. 강박적으로 지름길을 원하는 사람은 결과적으로 좌절한다.

지름길만 찾는 사람에게는 '멀리 돌아갈 힘'이 없다. 멀리 돌아가는 힘이야말로 내면의 힘이자 인간으로서의

저력이며, 주위에 어떤 사람들이 함께하는지 살피는 마음
의 여유이기도 하다.

지름길을 택한 사람은 목적지에 도착했을 때 "힘들
었어"라고 말하지만, 돌아가는 길을 선택한 사람은 "즐거
웠어"라고 말한다. 코너 하나하나를 빠짐없이 돌면서 목
적지에 도착해야 기쁨을 느낄 수 있다. 어느 과정도 건너
뛰어서는 안 된다. 1루를 지났다면 2루를 밟은 뒤에 3루로
가야 하는 법이다.

코너를 건너뛰는 사람은 적을 친구로 바꾸지 못한다.
그들에게 지름길이란 눈앞의 적을 쓰러뜨리는 것뿐이다.

하지만 분한 마음을 억누르고 적을 친구로 바꾼다면,
비록 시간과 에너지는 들지언정 그 뒤의 성과는 생각보다
훨씬 크다.

마음챙김을 하는 사람에게는 지금의 적을 아군으로
만드는 힘이 있다. 반면 과정을 건너뛰는 사람은 마음이
통하는 진정한 친구를 얻지 못한다.

어째서 남들과 비교하지 않는 편이 좋은가

최종적으로 성공한 느낌을 맛볼 수 있는 인생을 살아가기 위해 중요한 점은 '남들과 자신을 한 가지 관점으로 비교하지 않는 것'이다.

거북은 토끼와의 경주에서 어떻게 산꼭대기까지 올라갈 수 있었을까? 토끼가 아닌 산 정상을 바라봤기 때문이다.

만약 토끼를 자신과 같은 선상에 놓고 비교했다면, 절대로 이길 수 없다고 생각했을 것이다. 하지만 자신과 토끼를 비교하지 않았기에 거북은 묵묵히 산꼭대기까지 오를 수 있었다.

달리 말하면 거북은 자아가 확립된 존재였다.

상대방에게 잘 속는 사람은 상대를 제대로 보지 않는 사람이다. 자신의 내면을 제대로 살피지 못한 채, 현실과는 동떨어진 자신의 꿈에만 시선을 고정하고 있다.

타인을 신경 쓰지 않고 오직 자신이 투영한 욕망만 바라보는 것, 이 또한 고정된 관점이 세상을 얼마나 왜곡되게 만드는지 보여주는 사례다.

같은 상황에서 토끼를 보고 "난 못 해" 하며 미리 포기하는 사람도 있다. 이는 대부분 본인의 자아가 확립되지 않았음을 깨닫지 못했기 때문이다. 이들은 자신도, 상대도 똑바로 보지 못한다.

문제는 상황 그 자체가 아니라 상황에 대처하는 방법이다. 이럴 때 그 사람의 인격이 형성되었는지 여부가 드러난다. 인격이 미성숙한 사람일수록 자신의 자아가 확립되지 않았다는 사실도, 상대의 인격이 미성숙하다는 사실도 깨닫지 못하는 법이다.

>>

계속되는 성공은 좋지 않다.

나는 불운이 이어질 때면 '난 지금 운을 모으고 있어'라고 생각한다. 이는 마음챙김을 위한 훈련이기도 하다.

또한 '이 불운이 나에게 무엇을 가르쳐 주는가?'하고 자문하기도 한다.

불운을 견딜 때 사람은 단련된다. 단련된다는 것은 곧 자신에게 진정한 힘이 생긴다는 뜻이다. 내면의 힘은 바로 이럴 때 길러진다. 실제로 내면의 힘이 쌓이면, 훗날 운이 찾아왔을 때 호랑이에게 날개를 단 격이 된다.

엘렌 랭어는 "성공이 계속되면 사고가 고정되기 쉽다. 아이러니하게도 성공한 기업일수록 경직된 정신과 마음놓침에 얽매이기 쉽다"라고 지적했다.

누구든 하는 일마다 술술 풀리면 스스로를 반성할 기회를 잡지 못한다. 그러니 내면의 힘 없이 사회적 성공만 거둔 사업가에게 "자만하지 마세요"라고 말하기란 어려운 일이다.

득의양양해져서 자신을 돌아볼 기회를 잃으면, 그 끝에서 기다리는 것은 절망적인 붕괴뿐이다. 특정 분야에서의 연속된 성공은 어쩌면 비극적 결말을 향한 길이라고도 말할 수 있다. "이 기세로 쭉 가자!"라고 할 때는 이미 벼랑 끝까지 와 있는 것이다.

나는 새도 떨어뜨릴 기세였던 유력 정치인이 체포당하거나, 비약적으로 발전해 온 기업의 총수가 나이를 먹고 체포되는 경우가 있다. 노년에 겪는 수감 생활은 젊은 시절의 그것과는 비교할 수 없을 만큼 비극적인 체험이다.

그들은 사회적으로는 유능했을지 모르나, 자신의 진정한 힘 즉 내면의 힘은 기르지 못하고 자아를 상실한 탓에 한 가지 관점으로만 지나치게 노력했던 것이다. 그 무모한 질주의 원인은 역설적이게도 '계속된 성공'이다.

만약, 도중에 무언가에 걸려 넘어졌다면 거기까지는 가지 않았을 것이다. 한 번쯤 넘어졌다면 자기 자신을 잃어버리는 지경은 피할 수 있었을 것이다. 결국 사회적인 힘은 키웠을지 몰라도 내면의 힘은 상실해 버렸다. 영광의 길만 달려온 탓에 시야가 좁아져 주위를 보지 못하게 된 것이다. 자신의 맹목적인 노력이 오히려 내면의 힘을 갉아

먹는다는 사실을 그들은 깨닫지 못했다.

　사회적 성공을 거둔 이가 비극적으로 추락하는 이유는, 성공 가도를 달리는 동안 내면의 힘이 고갈되고 있다는 사실을 전혀 눈치채지 못했기 때문이다.
　"병이 하나 있으면 도리어 오래 산다(일병장수)"라는 속담이 있는데, 기업 경영도 마찬가지다. 어딘가 몸이 좋지 않으면 오히려 몸을 소중히 여긴다. 기업도 어느 정도 실패를 겪어야만 경영자가 긴장의 끈을 놓지 않고 방만을 경계하게 된다.

　그러니 실패는 결코 나쁜 일이 아니다. 관점을 바꿔 보면, 실패야말로 더 큰 비극에서 자신을 구해줄 구원의 메시지일지도 모른다. 이것이 바로 마음챙김을 하는 사람의 시선이다.

　성공할 때나 실패할 때나, 사람은 시야가 좁아지기 십상이다. 나 역시 이런 글을 쓰고는 있지만, 만약 하는 일마다 모조리 성공했다면 분명 자만에 빠졌을 것이다. '인생은 절망의 연속'이라는 진리를 잊고 세상을 만만하게 보다가, 노년에 이르러 비통한 경험을 했을지도 모른다.

인생의 행복이란, 잇따라 밀려드는 절망적인 과제들을 끊임없이 극복해 나가는 과정 그 자체다.

>>

결과만 보기 때문에 절망한다

세상에는 천국에서 태어나는 사람도 있고, 지옥에서 태어나는 사람도 있다. 주먹질이나 발길질 같은 신체적 학대뿐만 아니라 집요한 심리적 학대에 시달리며 성인이 될 때까지 고통스러운 삶을 이어가는 사람이 있는가 하면, 부모의 지극한 사랑과 축복 속에서 자라는 사람도 있다.

인생을 오직 '결과'로만 보면, 불구덩이 같은 지옥에서 태어나 생존 자체가 버거운 사람과 환희의 동산에서 태어난 사람을 같은 기준으로 비교하게 된다. 보통 실패를 두려워하는 사람은 이처럼 과정이 아닌 결과만 중시한다고 볼 수 있다. 그런 점에서 남의 시선을 과도하게 의식하는 사람도 과정보다는 결과에만 집착하는 셈이다.

하지만 결과가 아무리 비극적일지라도 스스로의 인생에 자부심을 가지는 사람도 있다. 결과야 어떻든 간에 자기 삶에 긍지를 가지는 사람, 그가 바로 인생의 궁극적인 승자다. 반면 결과가 좋아도 자기 인생에 자부심을 느끼지 못하고 스스로를 낮게 평가하는 사람은, 인생의 궁극적인 패자일 뿐이다.

노력하지 않고 성공한 경우에는 진정한 자신감이 생기지 않는다. 노력했으나 실패한 사람과 노력 없이 성공한 사람. 둘 중 전자가 훨씬 더 단단한 자신감을 가진다. 단, 여기에는 '결과가 아닌 과정에 주목한다'는 전제 조건이 필요하다.

과정에 주목하는 사람은 어떤 일에 실패해도 노력하는 자신에게서 긍지를 느낀다. "이렇게까지 하다니, 참 잘

했어”라는 건강한 자신감이다. 이런 사람은 실패했다고
해서 자신이 무능하거나 무가치한 존재라고 비하하지 않
는다.

예를 들어 과정의 관점에서 자신의 일을 바라보는 사
람은 “그때 비록 좋은 원고를 쓰지는 못했지만, 자료 조사
만큼은 철저했어”라며 본인의 노력을 높게 평가할 것이
다. 또 ‘아이를 혼내긴 했지만, 그래도 지금껏 잘 참고 이
끌어 왔어’라고 스스로를 다독이기도 한다.

이런 사람은 결코 “난 인간관계를 꾸려나갈 능력이
없어”라며 절망하지 않는다. 대신 “결과적으로 성공하진
못했어도, 그 악조건 속에서 잘 버텨냈어”라고 생각한다.
반면 우울증 환자처럼 극단적인 해석에 빠지는 사람은 과
정이 아닌 결과에만 주목한다.

과정에 초점을 맞추면, 자녀 교육이 뜻대로 되지 않
아도 ‘난 부모 자격이 없어’, ‘나 같은 사람은 아이를 키울
수 없어’라며 자신감을 잃는 일이 없다. 설령 아이가 문제

를 일으키더라도 '나도 심리적으로 완벽하진 않지만 최선을 다했어. 그 노력이 틀렸다고 지금껏 내가 해온 걸 부정할 필요는 없지. 세상에 완벽한 부모는 없으니, 앞으로도 계속 노력하면 돼'라는 생각이 든다. '그때 아이가 내 말을 듣지 않았던 건, 내게서 애정을 갈구했기 때문이구나. 그래, 그걸 깨달았으니 다음에는 더 잘할 수 있어'라는 긍정적인 용기가 솟아나는 것이다.

완벽주의에 빠지는 이유는 결과에만 집착하기 때문이다. 과정으로 눈을 돌리면 자신이 기울인 가치 있는 노력을 발견하게 되고, 이를 통해 다시 도전할 의욕을 얻는다. 반면 결과만 신경 쓰는 사람은 세상만사를 오직 '성공' 아니면 '실패'라는 이분법으로만 바라보게 된다.

>>

노력을 인정하는 자세

나 또한 젊은 시절부터 꽤 나이가 들 때까지 오직 결과만을 좇아왔다. 그로 인해 좀처럼 진정한 자신감을 가질 수 없었다. 그러나 결과가 아닌 '과정'에 주목하여 스스로를 평가하게 된 다음부터는 비로소 자신감이 붙은 듯하다.

과정에 주목하면, 설령 원하던 결과가 나오지 않았더라도 반드시 자신의 장점을 발견할 수 있다는 사실을 깨달았다. 무엇보다 심리적으로 한결 편안해졌다. "성공해야 해, 성공해야만 해" 하며 스스로를 옥죄던 조급함이 사라진 것이다.

결과만을 추구하던 시절에는 결과가 나쁘면 그간의 노력이 모두 무의미하게 느껴졌다. 그래서 매일매일 마음 편할 날이 없었다. 하지만 '왜 이런 나쁜 결과가 나왔지?' 하고 후회할 법한 상황에서도, 과정에 주목하면 자신이 잘해낸 부분을 발견할 수 있다. 그리고 그 발견은 다음 도전을 향한 의욕으로 이어졌다.

결과에만 신경 쓰는 이유는 결국 타인의 시선을 의식하기 때문이다. 스스로 자신을 평가할 수 있게 될 때, 비로소 과정이 눈에 들어오기 시작하는 것인지도 모른다.

애초에 심리적 성장을 도모하려면 과정에 주목하는 수밖에 없다. 세상에 완벽한 어른은 존재하지 않으므로, 우리는 모두 성장의 과정에 눈을 돌려야 한다. 그러니 여전히 남의 시선을 신경 쓰는 사람이라도, 그가 과정에 주목하려 애쓰고 있다면 그 성장을 인정해 줘야 한다. '나는 남의 눈치만 보고, 역시 못났어'라며 스스로를 비하할 필요는 없다. 본인의 노력이든 타인의 노력이든, 그 '노력' 자체를 인정해 주는 태도가 중요하다.

▶▶

희망과 야심의 커다란 차이

'가면 증후군Imposter Syndrome'이라는 심리 현상이 있다. 과정에는 주목하지 않고 오직 결과에만 집착하는 사람들이 겪는 증상이다. 이들은 결과만을 좇으며, 일상에서 마치 남을 속이는 듯한 기분을 느낀다.

가면 증후군을 겪는 사람들은 남들이 보기엔 분명 성공했음에도, 정작 본인은 자기 실력으로 성공했다고 믿지 않는다. 그래서 늘 가면을 쓰고 사는 듯한 켕기는 느낌, 즉 불안감을 안고 산다. 객관적으로 유능함에도 자신은 유능한 '척'을 했을 뿐이라 여기며, 자신의 능력을 불신하는 것. 이것이 바로 가면 증후군이다.

비관주의자 또한 결과에만 주목한다. 만약 그들이 과정에 주목했다면 '그때 그 사람과 잘 지내지 못했던 건, 어쩌면 내 말투가 퉁명스러웠던 탓인지도 몰라', '옷차림이 너무 화려해서 반감을 샀을 수도 있어'라며 상황을 이성적으로 분석할 여지가 생겼을 것이다.

타인의 시선을 과도하게 신경 쓰는 사람, 가면 증후군을 앓는 사람, 비관주의자, 우울증 환자. 이들의 공통점은 모두 과정이 아닌 결과에만 매달린다는 것이다. 즉, 마음놓침 상태에 빠져 있다.

마음놓침으로 괴로워하는 사람은 자신에게 적절한

목적을 명확히 설정하지 못한다. 자신에게 맞는 목적이 무엇인지 알면, 달성 여부와는 별개로 그 목적을 향해 나아가는 과정 자체에서 행복을 느낄 수 있다.

결과를 중시하는 사람에게는 어릴 적부터 외부에서 목적이 주입된다. 조부모나 부모가 기대한 이른바 일류대 진학이나 대기업 입사 같은 것들이다. 하지만 그런 식으로 타인의 목적을 좇아서는 아무리 애써봤자 과정에서 기쁨을 느끼지 못하며, 삶의 충만함도 얻을 수 없다.

삶의 희망은 '내 인생을 살아가자, 나답게 살아가자'라고 생각했을 때 샘솟는다. 자기 내면의 힘을 느꼈을 때 비로소 솟아나는 것이다. 이때의 관점은 항상 '과정'을 향한다. 그런 사람에게는 스스로를 위해 열심히 노력했다는 자부심과 만족감이 차오른다.

반면 '야심'은 결과를 중시한다. 희망의 동기는 '향상심'이지만, 야심의 동기는 '열등감'이다. 야심을 가진 사람은 언제나 결과에만 초점을 맞추어 노력할 뿐이다.

〉〉

아이를 겁쟁이로 만드는 부모

실패해도 다시 일어설 수 있는 강한 인간이 되려면, 마음챙김의 본질적 특징 중 하나인 '과정을 중시하는 태도'를 익혀야 한다. 아이를 겁쟁이로 만드는 부모나 교사는 과연 어떤 사람들일지 한번 생각해 보자.

예를 들어 학교에 갔지만 교실에는 들어가지 못하고 양호실에 머무는 아이가 있다. 이를 흔히 '양호실 등교'라고 부른다. 이때 중요한 것은 아이를 대하는 어른의 태도다. 교실에 들어가지 못했더라도, 일단 학교에 갔다는 사실 자체를 칭찬해 주는 태도가 필요하다.

'교실에는 반드시 들어가야 한다'는 강박적인 사고방식을 가진 사람은 과정을 보지 못한다. "왜 교실에 안 들어갔어?" 하며 아이를 다그치는 부모도 있다. 하지만 양호실에라도 들어간 것은, 아예 학교에 가지 못한 것에 비하면 분명한 진보다. '양호실까지는 갔다'는 그 과정과 노력을 인정해 줘야 한다.

아이가 해낸 일에 대한 노력을 인정해 주는 것이 아이의 의욕을 북돋는다. 오직 교실에 들어가야만 학교에 간 것으로 인정하는 태도, 그것이야말로 전형적인 마음놓침의 사고방식이다.

생각은 힘들다는 고정 관념을 버리자

다음은 엘렌 랭어가 일본정신위생학회 강연에서 들려준 이야기다.

플로리다주의 한 회사가 곡식에 맺힌 물방울을 없애주는 물방울 제거제를 개발했다. 수확 전 곡물에 물기가 고여 썩는 것을 방지해 주는 제품이었다. 하지만 그 제품을 뿌렸더니 물방울이 제거되기는커녕 오히려 꽁꽁 얼어버리고 말았다. 그 약을 쓴 탓에 곡물이 모조리 망가져 농가는 큰 손해를 입었다.

하지만 회사는 이 실패 속에서 새로운 가능성을 발견했다. 그 약품이 물방울을 순식간에 얼음으로 만든다는 사실에 주목한 것이다. 그들은 이 기술을 뉴잉글랜드 등지의 스키장에서 눈이 부족할 때 눈을 만들어 내는 용도로 연결해 대성공을 거두었다.

원래의 목적을 달성하지 못한 실패작이라도, 어떤 관점으로 보느냐에 따라 그 가치는 달라진다. 요컨대 관점만 바꾸면 실패도 성공이 될 수 있는 것이다.

사물의 가치를 결정할 때 '내가 지금 그것을 어떤 관점에서 보고 있는가?'가 얼마나 중요한지, 이 이야기는 잘 보여준다. 전체적인 흐름과 맥락 속에서 사물을 파악하느냐 아니냐에 따라 보이는 것이 달라진다. 다양한 전후 관계를 함께 파악함으로써 어떤 흐름 속에서는 최악이었던 것이, 관점을 바꿔 다른 맥락에 놓으면 최상의 것이 되기도 한다. 그렇게 관점을 전환할 수 있으면 스트레스를 피할 수 있다.

이 글을 읽는 사람 중에는 '그렇게 말해봤자 실패는 실패지', '불쾌한 건 어쩔 수 없이 불쾌한 거야'라고 생각하는 사람도 많을 것이다.

지금 병마와 싸우며 힘겨워하는 사람이라면 "이 고

통만 없어진다면…"하고 간절히 바랄지도 모른다.

하지만 마음챙김을 하는 사람이 되어 관점을 바꿔 자신의 병을 바라보면 어떨까. '만약 이 괴로운 병에 걸리지 않았다면 나는 아픈 사람들의 고통을 이해할 수 있었을까?'라고 생각해 보는 것이다.

병에 걸리지 않았다면 고통받는 많은 사람들의 마음을 헤아리지 못했을지도 모른다. 타인의 고통을 이해하지 못해 마음이 통하는 친구를 사귀지 못했을 수도 있다. 어쩌면 오만하고 불쾌한 사람이 되어 타인에게 상처를 주는 존재가 되었을지도 모른다. 이러한 성찰은 힘겨운 투병 생활을 조금 더 의미 있고 풍요로운 시간으로 만들어 줄 것이다.

그날 강연에서 엘렌 랭어는 마음챙김에 대해 다음과 같이 역설했다.

마음챙김은 불쾌한 기분을 방지하는 방법이다. 그뿐만 아니라 주위 사람들도 기분 좋게 만들어 준다. 그런데 왜 많은 사람들이 그렇게 하지 않을까? 그 이유는 한 가지 고정 관념 때문이다. 바로 '생각하는 건 어렵고 힘들며 스트레스 쌓이는 일'이라는 편견이다.

그러나 스트레스는 '생각' 그 자체에서 오는 것이 아니라, '단일한 관점에 갇힌 생각'에서 비롯된다. 스트레스는 어떤 사건 자체의 함수가 아니라, 여러분이 그 사건을 바라보는 '관점의 함수'다.

그러므로 무언가에 대해 부정적인 생각을 한다면, 그 관점을 통해 받아들인 사건은 부정적인 일이 된다. 하지만 기억하라. 사건 자체가 부정적인 것이 아니다. 그것을 바라보는 당신의 사고방식과 관점이 부정적일 뿐이다.

»

인생을 빈곤하게 만드는 것

선거에 출마한 후보자가 밤길에 무심코 전봇대를 향해 머리를 숙여 인사했다는 이야기를 들은 적이 있다. 심정이 이해가 안 가는 건 아니지만, 이는 전형적인 '자동 반사적 행동'이다. 마음이 현실과 맞닿아 있지 않은 상태, 즉 마음놓침의 결과다. 그래서 전봇대라는 현실의 사물을 제대로 보지 못한 것이다.

우리 역시 일상에서 타인의 특정 신호(조건)만 받아들이고, 정작 중요한 다른 신호는 놓치고 있는지도 모른다. 그 탓에 진짜 존경해야 할 사람은 알아보지 못하고, 껍데기뿐인 마네킹 같은 존재에게 머리를 조아리고 있을 수도 있다.

입시를 준비하다 보면 시험 성적이라는 한 가지 관점으로만 사람을 판단하게 되어 성적이 떨어지는 친구를 업신여기는 경우가 많다. 유유상종이라고, 그런 사람 주위에는 역시나 똑같은 사고방식을 가진 이들이 모여들기 마련이다.

긴 인생을 생각하면 한시라도 빨리 고치는 편이 좋은 사고방식이지만, 본인이 잘나가는 동안에는 대체로 같은 사고방식을 지닌 사람들 속에서 지내므로 그 생각 그대로 나이를 먹는 경우가 많다. 결국 노년이 되어 조직이라는 울타리 밖으로 나왔을 때, 그제야 세상살이가 예전 같지 않음을 뼈저리게 느낀다. 자신의 사고방식이 얼마나 잘못되어 있었는지 뒤늦게 깨닫게 되는 것이다.

우리는 일상에서 마주하는 사람들의 어떤 면에 주목하는가? 혹시 과거의 범주에 얽매여 상대를 있는 그대로 보지 못하고, 특정 부분만 편식하는 건 아닐까? 다시 말해, 우리도 알게 모르게 일상 속에서 엉뚱한 전봇대를 향해 머리를 조아리고 있는 것은 아닐까?

≫

기존의 범주에 얽매인 사장의 비극

베스트셀러를 낸 출판사가 오히려 손해를 본다는 이야기를 종종 듣는다. 한번은 이런 일이 있었다. 당시 베스트셀러를 터뜨린 한 출판사에 새 사장이 부임했다. 그는 출판계가 아닌 금융계 출신 인사였다.

어느 날, 다른 출판사 사장이 인사를 와서 이야기를 나누게 되었다. 그는 자신의 회사도 예전에 베스트셀러를 냈다가 도리어 큰 손해를 본 적이 있다고 털어놓았다. 어떤 책이 반짝 화제를 모아 대량으로 추가 인쇄(증쇄)를 했는데, 금세 인기가 시들해지는 바람에 반품 처리 비용으로 이익이 다 거덜 났다는 것이다. 그러면서 그는 "베스트셀러가 참 무섭습디다"라고 조언했다. 사실 이는 출판계 밥을 먹는 사람이라면 누구나 아는, '베스트셀러의 저주' 같은 이야기였다.

그 조언을 들은 신임 사장은 주문이 파도처럼 밀려드는데도 덜컥 겁을 먹고 증쇄를 중단해 버렸다. 서점 매대에 '품절' 안내문이 걸릴 정도로 화제를 모은 책이었지만, 사장은 보기 좋게 판매 기회를 날려버렸다. 제 발로 굴러 들어 온 당첨 복권을 스스로 찢어버린 셈이다.

신임 사장의 실패 원인은 책의 '내용'은 전혀 고려하지 않고, 과거의 데이터에 기반한 '베스트셀러(위험군)'라는 범주로만 그 책을 판단한 데 있다.

'베스트셀러'라든가 소위 '잘 팔리는 책'처럼 출판사의 이해관계에만 얽매인 낡은 범주가 아니라, '비슷한 책이 없는 독창적인 내용'이라든가 '기성 작가가 작가 생명을 걸고 도전한 책' 같은 새로운 범주로 대상을 바라볼 줄 아는 사람. 그가 바로 마음챙김을 하는 사람이다.

새로운 범주를 만들어 내는 것은 곧 결과 이면의 '과정'을 꿰뚫어 보는 일이기도 하다.

➤➤

이혼해서 행복해지는 사람과 불행해지는 사람

우리가 평소 과정보다 결과에 얽매이기 쉬운 대표적인 사례가 바로 '이혼'이다. 일반적으로 이혼은 곧 인생의 실패라는 고정 관념이 만연하다. 이는 '한 번 갔다 왔다', '두 번 갔다 왔다'와 같이 일상적으로 통용되는 표현에서도 여실히 드러난다. 심지어 이 고정 관념이 두려워, 이미 마음이 떠난 상대와 계속 함께 사는 사람도 있다.

인생은 만남과 헤어짐의 연속이므로 이혼은 결코 이상한 일이 아니다. 관계가 파탄 났는데도 참고 살면, 사정을 모르는 남들에게 "늘 부부 사이가 좋아서 훈훈하네"라는 소리를 들을지는 몰라도 딱 거기까지다. 그게 뭐 그리 자랑할 만한 일이겠는가. 오히려 헤어져야 할 때가 왔는데도 억지로 참으며 현재 상황을 유지하는 건, 성장을 거부하는 행위일 수도 있다.

심리학자 헬렌 뉴먼과 엘렌 랭어의 연구에 따르면, 이혼의 원인을 전적으로 전 배우자의 탓으로 돌리는 사람은 상황을 다각도로 해석하는 사람보다 훨씬 오랫동안 고통스러워한다고 한다.[46]

다시 말해 다양한 관점을 가진 사람은 이혼 후에도 괴로움을 오래 겪지 않는다. 똑같은 이혼을 겪어도 누구는 긴 시간 고통받고, 누구는 금세 털고 일어난다. 이는 이혼이라는 사실 자체가 사람을 불행하게 만드는 것이 아니라, 그 상황을 어떻게 해석하느냐가 행복과 불행을 가른다는 점을 드러낸다. 사람은 같은 사건을 겪어도 어떤 사고방식을 지녔느냐에 따라 불행해지기도 하고 행복해지기도 하는 것이다.

이 연구 결과를 역경에 적용해 보자. 역경에 취약한 사람은 자신이 겪는 괴로움이 전적으로 그 사건 때문이라 믿는다. 특히 원인을 남 탓으로 돌릴수록 고통은 깊어진다. 반면 자신이 겪는 역경의 의미를 여러 관점에서 조망하는 사람은 같은 상황에서도 훨씬 덜 괴로워한다.

가령 당신이 집단 따돌림이나 괴롭힘을 당했다고 치자. 당신은 불쾌한 기분에 빠지고, 화가 나고, 우울해지고, 다시 일어서지 못하고, 초조해진다.

그러다 문득 생각한다. '남을 괴롭히는 사람은 대체 어떤 인간일까?' 그는 본인의 욕구가 충족되지 않아 불만이 가득한 사람이다. 당신을 괴롭히는 그 행위 자체가 그의 심각한 욕구불만을 증명한다.

하지만 당신은 남을 괴롭히지 않는다. 그럴 필요가

없기 때문이다. 그러면 '아, 적어도 나는 남을 괴롭혀야 할 만큼 비뚤어지거나 불행하지 않구나'하고 깨닫게 된다.

이처럼 관점을 바꾸면 괴로운 사건조차 자신의 정신적 건강함과 행복을 재확인하는 계기가 된다. 다양한 시각을 지닌 사람은 문제 해결 능력 또한 출중할 수밖에 없다.

≫

자신을 바꾸는 데 에너지를 쏟아라

관점을 바꿀 수 있다는 것, 그것이 곧 마음챙김이다. 힘든 일을 겪을 때, 그 일을 다른 맥락에서는 어떻게 받아들일지 스스로에게 물어보는 것이 바로 마음챙김인 것이다. 이는 새로운 정보에 대해 마음이 열려 있다는 뜻이며, 하나 이상의 관점에 눈을 떴다는 의미다.

앞서 언급했던, 베스트셀러가 한창 팔리는데도 증쇄를 중단해 버린 신임 사장 같은 사람은 새로운 정보에 마음이 꽉 닫힌 경우다.

우리는 나폴레옹에게 쓰라린 패배를 안긴 러시아의 쿠투조프 장군처럼, 어떤 상황에서도 유연하게 대응할 필요기 있다.

그와 달리 나폴레옹은 모스크바로 빠르게 진격하는 것을 오직 '적의 영토 정복'이라는 관점에서만 바라봤다. 그래서 적지에서 수세에 몰렸을 때 유연하게 대응하지 못했던 것이다. 훗날 히틀러 역시 나폴레옹의 과오를 되풀이했다. 영토 정복에 대한 열망이 지나치게 강했기 때문이다. 이처럼 도가 지나친 열망은 언제나 위험과 맞닿아 있다.

성공하고 싶다는 소망이 너무 강하면 오직 그 관점으로만 사물을 보게 되어 마음놓침 상태에 빠진다. 그것이 결국 엘리트들의 번아웃 증후군, 우울증, 불면증, 자살 등으로 이어지는 것이다.

그들은 '반드시 이렇게 되어야 해'라는 강박에 사로잡혀 다른 가능성은 생각하지 못한다. 그래서 인생이 단조로워지고 노력의 방향도 어긋나게 된다.

본인은 성공의 길을 걷고 있다고 확신하지만, 남들이

보기엔 명백히 파멸의 길로 걸어 들어가는 경우도 있다. 오직 정복이라는 관점에만 갇혀 있던 나폴레옹이나 히틀러와 다를 바 없는 셈이다.

사람은 불안할수록 자신의 마음가짐을 바꾸려 노력해야 한다. 스스로를 변화시키는 데 더 많은 에너지를 쏟아야 하는 것이다.

여기서 말하는 '스스로를 바꾼다'는 것은 '본래의 나'로 돌아간다는 뜻이다. 결코 자기 이외의 무언가가 되려고 애쓰는 게 아니다. 그런 억지 노력은 당신을 소모시킬 뿐이다.

개가 되려고 노력하는 고양이를 상상해 보라. 그 방향이 올바르다고 할 수 있을까? 반면 스스로를 바꾼다는 건 지금보다 더욱 '나다워지는' 일이다. 자신을 찾는 노력의 방향이 틀릴 리가 있겠는가? 그런 의미임을 알아두자.

알게 모르게 망가지는 마음

마음놓침에 빠져 있을 때는 자신이 지금 그런 상태라는 사실조차 깨닫지 못한다. 이것이 무서운 점이다. 스스로 '엘리트로 사는 것만이 가치 있다'는 집착에 갇혀 있음을 자각하지 못하는 것이다. 그 궤도에서 이탈하는 것이 두려워 무리를 거듭하다가, 결국 우울증에 걸리고 나서야 그 집착이 자신의 내면을 망가뜨렸음을 깨닫는다.

젊은 시절의 성공에 도취해 노년으로 접어든 후 몰락하는 사람은 부지기수다. 복권에 당첨되었지만 금전 감각을 상실해 불행해지는 사람도 많다. 아니, 정도의 차이는 있겠지만 거의 대부분이 그렇다고 말하는 편이 정확할지도 모른다. 그들에게 복권은 행운의 문이 아니라 지옥의 문이었던 셈이다.

쿠투조프 장군을 보면 마음챙김의 기본 특징을 발견할 수 있다. 반면 당시의 나폴레옹은 마음놓침의 전형이라

할 수 있으며, 그의 강박적인 성격은 훌륭한 반면교사가
된다.

우리도 일상 속에서 사회적 성공을 강박적으로 좇으
며 나폴레옹과 똑같은 과오를 범하곤 한다. 오직 사회적
명예밖에 눈에 들어오지 않을 때, 그 명예는 나폴레옹이
그토록 목매던 '모스크바 입성'과 다를 바 없어진다.

그토록 원하던 명예를 얻으면 어떻게 되는가? 나폴
레옹이 모스크바에 도착했을 때와 같다. 막상 명예를 얻고
나니 거기서 기다리던 것은 텅 빈 도시와 러시아의 혹독
한 겨울뿐이었다.

나폴레옹이 불타버린 도시와 추위로부터 달아나는
것 말고는 선택의 여지가 없어진 바로 그 순간, 시야가 넓
은 노장군 쿠투조프는 프랑스군을 급습했다. 훗날 히틀러
가 나폴레옹의 과오를 되풀이했을 때도 그 과정은 판박이
였다. 이는 실로 교훈적인 사례다.

명예를 강박적으로 추구하던 사람이 막상 명예를 얻었을 때 맛보는 것이 바로 이 '러시아의 겨울'이다. 여기서 끊겨버린 보급선은 곧 '번아웃'을 의미한다. 프랑스군이 추위, 바람, 눈, 얼음과 악전고투를 벌였듯이, 성공에만 집착하는 회사원도 내면의 고갈과 똑같은 악전고투를 겪는다.

그런 점에서 나폴레옹의 패배는 현대 회사원들의 '승진 우울증'과 흡사하다. 승진의 순간은 달콤했으나, 이후 무거운 책임감에 짓눌려 좌절을 맛본다. 승리를 쟁취하는 과정에서 자신이 가진 내면의 힘, 즉 '보급선'이 파괴된 것이다. 하지만 정작 본인은 그 사실을 깨닫지 못한다.

나폴레옹을 무너뜨린 쿠투조프 장군은 프랑스군의 위풍당당한 '침략의 길'이, 러시아의 혹독한 겨울과 길어진 보급선이라는 조건 속에서는 처참한 '실패의 길'로 뒤바뀔 것임을 꿰뚫어 보았다.

메이저리그 홈런왕 베이브 루스는 삼진왕이기도 했

다. 이는 그가 실패(삼진)를 두려워하지 않았다는 증거다. 삼진이 무서워 소극적으로 배트를 휘둘렀다면 역사에 길이 남을 활약을 펼치지 못했을 것이다.

쿠투조프가 나폴레옹의 '침략의 길'을 러시아의 겨울이라는 거대한 맥락 속에서 파악했듯이, 명예나 사회적 성공을 인생 전체의 흐름 속에서 바라볼 수 있는 사람이 바로 마음챙김을 하는 사람이다.

'침략의 길(엘리트 코스)'에만 매몰된 시각은 곧 앞만 보고 달리는 회사원의 관점이라는 것을 잊지 말자. 그들에게는 그 코스 자체가 인생의 전부가 되어버린다. 하지만 마음챙김을 하는 사람에게 성공이란, 그저 인생의 행복을 구성하는 수많은 조각 중 하나에 지나지 않는다.

≫

독창적인 사람이 되려면

낡은 사고방식에서 스스로를 해방시킬 수 있다면, 과

학자든 예술가든 요리사든 누구나 독창적인 사람이다.

또한 새로운 정보나 뜻밖의 일에 마음을 열고, 상황을 다양한 관점으로 바라보며 결과보다 '과정'에 집중하는 사람 역시 독창적인 사람이다. 이는 곧 마음챙김을 실천하는 사람이기도 하다.

마음챙김을 하는 사람은 낡은 사고방식이나 고정된 범주에 얽매이지 않는다. 대신 그 안에서 새로운 의미와 놀라운 발견에 주목한다. 낯선 것을 마주하면 관점을 바꿔 본다. 자신을 변화시키는 이 작은 행동 하나가 사람을 행복하게 만든다.

하지만 이러한 관점의 전환을 가로막는 방해물이 있다. 바로 카렌 호나이가 말한 '내적 장애물Inner obstacle'이다.[47] 당신의 내적 장애물은 무엇인가? 그 실체를 밝혀내는 일이야말로 행복의 문을 여는 열쇠가 될 것이다.

오감을 모두 써서 느껴야 한다

봄을 체감한다는 것은 과연 어떤 의미일까? 봄이 되면 민들레가 피어나고, 들판에는 쇠뜨기(뱀밥)가 싹을 틔운다. 벚꽃은 흐드러지게 만개하고, 그 꽃그늘 아래서 사람들은 도시락을 먹으며 계절을 즐긴다.

저마다 고유한 봄 내음이 있고, 봄만의 빛깔이 있다. 하늘에서는 종달새가 지저귄다. 이러한 향기와 색채, 소리가 한데 모여 비로소 봄이 완성된다. 후각이 없다면 코는 봄을 느끼지 못할 것이다. 빛깔은 눈으로, 소리는 귀로 스며들어 와 사람의 마음을 설레게 한다.

봄을 체감한다는 건 이 모든 감각을 종합적으로 받아들이는 일이다. 봄이라는 계절 안에는 냄새와 소리, 빛깔처럼 오감으로 느낄 수 있는 모든 요소가 녹아 있다. 단지 눈으로 벚꽃이나 민들레를 보는 것만으로는 봄이 생생하게 다가오지 않는다.

인생도 마찬가지다. 업무 능력이나 인간관계뿐만 아니라, 오감으로 느끼는 감각까지 모든 것이 어우러져 한 사람의 인생을 이룬다.

가령 우리는 우엉을 볼 때 우엉을 "본다"라고 말한다. 확실히 눈으로는 우엉의 길쭉한 형태와 흙 빛깔을 보고 있다. 하지만 동시에 우리는 우엉 특유의 흙 내음부터 거친 감촉까지, 모든 요소를 포함하여 우엉을 느끼고 있다. 시각을 넘어 촉각과 후각까지 동원될 때 비로소 우엉을 제대로 '체감'하는 것이다.

이처럼 오감을 모두 열어 우엉을 체감하는 사람과, 감각을 닫아둔 채 우엉의 생김새만 보는 사람은 같은 대상을 두고도 전혀 다르게 느낄 것이다.

만약 머리로만 알 뿐 오감으로 느낀 경험이 없다면, 아무리 봄이 와도 마음은 들뜨지 않을 것이다. 오감이 무뎌진다는 것은 곧 삶의 에너지가 시들어 간다는 뜻이다. 나아가 새로운 관점을 받아들일 에너지를 잃었다는 뜻이기도 하다.

≫

위기에 대응하는 능력의 차이를 만드는 것

미국의 임상심리학자 롤로 메이는 이렇게 말했다.

"사람들은 위기 상황을 맞닥뜨렸을 때 대처 능력에서 큰 차이를 보인다.[48]"

지금껏 강조해 왔듯이, 이 대처 능력의 차이는 결국 자신이 처한 상황을 바라보는 '관점의 다양성'과 '해석의 깊이'에서 온다.

마음챙김을 하는 사람과 마음놓침에 빠진 사람은 문제를 해결하는 접근 방식부터 다르다. 단순히 현재 시점의 잘잘못만 따질 것인가, 아니면 과거의 맥락과 미래의 영향까지 고려할 것인가. 일어난 사태를 해석하는 '시간적 틀' 자체가 다른 것이다.

괴로움에 빠져 주저앉아만 있는 사람은 인생의 사건을 거대한 '흐름'으로 받아들이지 못한다. "어떻게 이럴 수 있어?"라며 현실을 부정할 뿐, "그럴 수도 있지", "이 또한 인생의 과정이야"라며 유연하게 현실을 수용하지 못하는 것이다.

사건은 어느 날 갑자기 툭 튀어나오는 것이 아니라, 그것이 일어날 수밖에 없는 흐름이 선행한다는 사실을 이해해야 한다. 그래야만 어떤 일이 닥쳤을 때 다층적인 관점에서 사태를 파악할 수 있다.

나일강의 범람을 예로 들어보자. 나일강이 범람하면 당장의 농사는 망친다. 하지만 그 덕분에 상류의 영양분이 밀려와 토지는 비옥해진다. "범람은 재앙이지만, 동시에 땅을 살리는 기회다. 그렇다면 우리는 어떻게 대처해야 할까?" 이런 식으로 단계적이고 입체적인 사고의 흐름이 생겨나는 것이다.

당장의 이해득실에만 집착하는 사람은 오직 '범람을 막는 방법'에만 골몰한다. 그러다 생각대로 막지 못하면 만사를 포기하고 망연자실해 버린다.

반면 다양한 관점을 지닌 사람은 설령 범람을 막지 못하더라도, 이 사태를 어떻게 긍정적인 방향으로 전환할지 그다음을 궁리한다.

>>

불행을 받아들여 시야를 넓혀라

시야가 좁은 사람은 불행하다. 그리고 불행하기 때문에 시야가 더욱 좁아진다. 이런 사람은 이혼 같은 불행을 받아들이지 못한다. "못생겨서 불행해", "뚱뚱해서 불행해"라며 자신의 조건을 탓하기만 한다. 이는 전형적인 마음놓침 상태다.

하지만 자신의 외모를 있는 그대로 받아들이면, 오히려 호감 가는 사람이 될 수 있다. 비로소 마음챙김을 하게 되는 것이다.

반면 "저 사람보다 예뻐지고 싶다"며 질투에 사로잡힌 미인의 얼굴은 심술궂게 일그러지기 마련이다.

시야를 넓힌다는 건 곧 불행을 받아들인다는 뜻이다. 불행을 있는 그대로 수용하고 시야를 넓힐 때, 비로소 문제는 해결된다. 흔히 "인생은 멀리서 보면 희극이고 가까이서 보면 비극"이라고들 한다. 당사자와 제삼자의 관점이 서로 다르기 때문이다.

『죽음의 수용소에서』의 저자이자 심리학자인 빅터 프랭클은 인생을 바라보는 두 가지 축을 제시했다. 하나는 '성공과 실패'의 축이고, 다른 하나는 '충족과 절망'의 축이다.

성공하고도 절망에 빠지는 사람이 있는가 하면, 실패하고도 깊은 충족감을 느끼는 사람이 있다. 오직 '성공과 실패'라는 축만을 기준으로 삼는 사람은, 설령 성공한다 해도 자부심을 느끼지 못한 채 스스로에게 절망한다. 마음이 '충족'되지 않았기 때문이다.

“역경은 최고의 학교”라는 말은 흔하다. 부모님께 “고생을 안 해본 사람은 쓸모가 없다”라는 말을 들어본 이들도 많을 것이다.

오로지 이득과 효율성만을 좇으며 합리적으로만 사는 사람은, 사회적으로 성공하여 겉보기엔 순탄해 보일지 몰라도 결국 마음의 병을 얻게 된다. 사회적, 합리적 관점에서 가치 있는 일이라 해도, 그것이 반드시 개인에게 ‘살아가는 의미’가 되어주지는 않는다. 오히려 남들 눈에는 어리석어 보이는 고생이, 실은 그 사람을 살게 하는 진정한 의미가 되기도 한다.

사회적으로 번듯한 일만 하고 대단한 학력을 쌓았음에도 결국 우울증으로 무너지는 사람들이 있다. 그들은 병을 얻고 나서야 비로소 깨닫는다. 삶의 진정한 의미라는 관점에서 볼 때, 학력이나 간판은 아무런 가치가 없다는 사실을 말이다.

이는 ‘목표 달성’만을 맹목적으로 추구하는 삶과 ‘우울증’ 사이에 깊은 상관관계가 있음을 시사한다.

➤➤

다양한 관점에서 '지금'에 초점 맞추기

자신의 그릇 안에서 인생을 즐겨야 한다. 나만의 잣대가 없는 사람은 타인의 잣대로 자신을 재단하기 마련이다. 시련 속에서도 다시 일어설 수 있는 사람은, 누구보다 스스로를 사랑하는 사람이다.

데이비드 시버리는 이렇게 말했다.

"자기 자신으로 있을 수 없다면 차라리 악마가 되는 편이 낫다."[49]

중요한 것은 오늘을 붙잡는 것이다. 연인과 함께 있다면 그 순간을 즐겨야 한다. "나를 만나줘서 고마워"라고 감사하는 데 에너지를 쏟아야 한다. 그것이 바로 '지금'을 살아가는 사람의 태도다.

긴 인생의 여정이 끝나는 순간, 우리는 비로소 삶의

의미에 도달하게 된다. '지금'을 충실히 살면 인생의 어떤 단계에서든 앞으로 나아갈 수 있다. 그런 사람은 매 순간을 허투루 보내지 않고 인생의 각 단계를 충실히 밟아나가기 때문이다. 그렇게 다가올 다음 성장을 위해 자신의 인생을 차근차근 준비하는 것이다.

성장이란 삶의 의미를 획득해 나가는 능동적인 과정이다. 이러한 정신적 성장은 평생에 걸쳐 계속된다.

그러므로 스스로를 평가할 때 결과에 초점을 맞출 것인가, 아니면 과정에 초점을 맞출 것인가. 이 점을 깊이 고민해야 한다. 그 선택이 가져오는 차이는 실로 엄청나다.

제3장

얽매이지 않는
유연한 머리로

'얽매임'에서 벗어나지 못하도록 자란 사람도 있다

무슨 일이 생기면 언제나 자기만 탓하는 '피책망상^被^{責妄想}'◆을 가진 사람이나 자존감이 낮고 열등감이 심한 사람은, 남이 화를 내면 실제로는 본인과 무관한 일이라도 자기한테 화를 낸다고 해석한다. 설령 상대가 화를 내는 이유가 본인과 전혀 무관하더라도, '나 때문에 화가 났구나'라고 오해하며 상대의 분노를 자신의 결점과 결부시켜 해석해 버리는 것이다.

사실 피책망상과 낮은 자존감은 밀접한 관계가 있다. 자존감이 높은 사람이라면 남이 화를 낼 때 그런 식으로 왜곡해서 받아들이지 않는다. 상대가 자신에게 화를 내거나 책망할 이유가 없다는 사실을 스스로 잘 알기 때문이다.

반면 피책망상을 가진 사람은 누군가에게 "안색이

◆ 자신이 비난받을 일이 아니어도 비난받는 것처럼 느끼는 망상을 일컬음.

안 좋네"라는 걱정 어린 말을 들어도 이를 비난으로 받아들인다. 늘 활기찬 모습을 보이지 않으면 혼이 났던 과거의 경험 때문이다.

피책망상을 가진 사람들의 어린 시절을 들여다보면 이런 일화들이 있다.

한 사람은 초등학생 때 학교에서 열이 나서 선생님이 어머니를 호출했다. 그러자 학교에 온 어머니는 아이를 걱정하기는커녕 불같이 화를 냈다. "이렇게 바쁠 때 왜 아프고 난리니?"라며 아픈 아이를 다그친 것이다.

또 다른 사람은 어릴 적 고열에 시달리면서도 아픈 사실을 숨기고 집안일을 거들었다. "아프다고 집안일도 안 하냐"며 혼났던 기억 때문이다.

이들에게는 '항상 건강해야 혼나지 않는다', '몸이 안 좋으면 어머니가 얼굴을 찌푸린다(나를 싫어한다)'는 공식이 각인되어 있다.

엘렌 랭어는 마음챙김의 중요성을 말한 저서에서 이

현상을 다음과 같이 설명했다.[50]

"어떤 일을 한 번 경험하면, 두 번째로 같은 상황을 맞이했을 때 마음이 첫 번째 경험과 똑같이 작동하는 경향이 있다."

이러한 경향을 '조기 인지 구속Premature cognitive commitment'이라고 부른다. 무언가를 깊이 숙고하기 전에 생각이 이미 굳어버린다는 뜻이다.

뇌과학적으로 보면, 가소성을 가진 시냅스를 통해 뉴런이 연결되면서 특정한 움직임을 가진 '뉴런 연결망'이 생겨나는 것이다. 나이를 먹을수록 이 뉴런 사이의 연결은 점점 더 촘촘해진다. 흔히 말하는 조건반사는 바로 이 새로운 연결망이 형성되는 일이다.

뇌 속 뉴런과 표적 뉴런 사이에 시냅스가 새로 생겨날 때 우리는 "아, 알았다!"하는 체험이 일어난다. 공부를 계속하면 뉴런 사이의 시냅스가 늘어나는 것도 이 때문이다. 자기 머리로 생각하고 또 생각한 끝에 깨달음을 얻으면 뉴런의 연결망이 생겨난다고 봐도 될 것이다.

　문제는 부정적인 경험 또한 똑같은 원리로 뇌에 길을 낸다는 점이다. 늘 꾸중을 듣고 자란 사람은 실제로 혼나지 않았을 때도 혼났다고 느낀다.

　예를 들어 감정 조절이 미숙한 아버지가 있었다고 치자. 그는 자신의 불쾌한 감정을 아이에게 쏟아부으며 해소하곤 했다. 그래서 기분이 나빠 얼굴을 찌푸릴 때면 언제나 아이를 혼냈다.

　이 아이가 자라 어른이 되었다. 객관적으로 볼 때 타인의 '불쾌한 표정' 자체가 곧 나를 꾸짖는다는 뜻은 아니다. 하지만 아이의 뇌 속에는 어릴 적 경험으로 인해 '불쾌한 표정 – 꾸짖는다 – 혼났다고 느낀다'라는 경로가 완성되었다.

　이것이 늘 반복되자 새로운 신경회로가 생겨나 아이는 원래 관계없었던 '불쾌한 표정'과 '혼났다고 느낀다'를 연결시키고 말았다. 그래서 어른이 된 후에도 타인이 불쾌한 표정을 지으면 조건 반사적으로 '난 지금 혼나고 있어'라고 느꼈다. 이것이 바로 피책망상이다.[51]

아내가 "저 집 남편은 이번에 승진했대"라고 단순히 사실을 말했을 뿐인데, 이를 "당신은 왜 승진 못 했어?"라는 비난으로 받아들이는 남편 역시 바로 이 경우에 해당한다.

>>

행복을 느끼는 뇌로 재탄생시키기

어릴 적부터 실패하면 늘 혼이 났던 사람이 있다. 이런 사람은 어른이 되어서도 실패를 좀처럼 인정하려 들지 않는다.

하지만 역설적이게도 실패를 인정하지 않는 태도가 그 사람의 가치를 더욱 떨어뜨린다. 사실 실패나 결점을 쿨하게 인정하더라도 그 사람에 대한 평가나 동료들 사이에서의 가치가 떨어지지 않는 경우도 많다. 누구나 실패를 하고 결점도 가지고 있기 마련이므로, 말하자면 '피차일반'인 셈이다.

그렇다면 실패를 인정하는 순간 비난받으리라고 믿

는 사람은 어떻게 해야 할까? 그런 사람은 실패와 비난을 연결 지었던 어릴 적 경험을 자기 안에서 지워내야 한다. 그 일을 가능하게 해주는 것이 바로 '마음챙김'이다.

물론 간단한 일은 아니다. 시간이 오래 걸릴 수도 있다. 그래도 의식적으로 주의를 기울여, 점차 새로운 관점으로 현실을 보도록 노력해야 한다. 이 경우 마음챙김은 어릴 적 경험으로 인해 각인된 감정을 지워내는 작업이 된다.

그 사람의 뇌에는 '이런 상황에서는 이렇게 느껴라' 하는 신경 회로가 이미 형성되어 있다. 그 때문에 실제로는 비난받지 않을 때조차 비난당한다고 느낀다. 과거의 불쾌한 감정을 현재에 다시 체험하게 되는 것이다.

여기서 벗어나기 위해 가장 먼저 해야 할 일은 그 악순환의 고리를 끊겠다고 결심하는 것이다. 그리고 '과거가 아닌, 지금 현실에 맞게 느끼자'라고 마음을 다잡아야 한다. 그 단호한 결심이 뇌에 새로운 신경 회로를 만든다.

쉽게 말해 '뇌 재활 운동'이라고 생각하면 된다. 새로운 관점을 갖겠다는 결심을 수없이 반복함으로써 뇌 속에 새로운 회로를 만드는 것이다.

만약 어른이 되어서도 어릴 적 형성된 낡은 신경 회로로 살아가면 어떻게 될까? 실제로는 혼나지 않았어도 계속해서 혼났다고 느끼게 된다. 그 결과 가상의 비난으로부터 자신을 방어하기 위해 불필요한 변명을 늘어놓기 시작한다.

게다가 비난받는다는 착각은 분노를 불러일으킨다. '내가 이렇게 열심히 노력했는데 비난을 하다니!'라는 억울한 분노다.

만약 실제로 비난당한 것이 맞다면 그 분노는 정당성을 획득한다. 정당한 분노라고 믿기 때문에 그 화는 웬만해서는 가라앉지 않는다.

>>

규칙대로 대하면 화내는 사람

카렌 호나이에 따르면, 불안 장애를 앓는 사람은 유

독 '규칙'을 싫어한다고 한다. 대체 왜 싫어하는 걸까? 왜 규칙 앞에서 화를 내는 걸까? 바로 자신의 가치가 부정당한다고, 나아가 자신의 인격 자체가 거부당한다고 느끼기 때문이다.

가령 우연히 들어간 양식당에서 일식 메뉴가 없다며 뜬금없이 화를 내는 식이다. 또 가게 직원이 "이 서비스는 4시까지만 제공됩니다"라고 안내하면, 이를 자신에 대한 무시나 거절로 해석해 불같이 화를 낸다.

규칙대로 대한다는 것은 누구에게나 예외 없이 '공평'하게 대한다는 뜻이다. 하지만 그들은 이를 자신을 향한 불공평한 처사로 받아들인다. 머리가 아닌 가슴으로 그렇게 느껴버리는 것이다.

카렌 호나이는 "불안 장애를 앓는 사람은 공평하게 대해도 불공평하다고 느낀다"고 했는데, 딱 그 말대로다.

사실 이러한 반응은 그들의 유년기에는 타당한 것이었을 테다. 그때는 실제로 부당하고 불공평한 대우를 받았기 때문이다.

어린 시절에는 정말 아무것도 아닌 일로도 거절당하고 인격을 부정당하곤 했을 것이다. 그 반복된 경험의 결과, 무언가를 거절당하면 즉시 '내 인격이 부정당했다'고 인식하여 의기소침해지도록 뇌 속에 뉴런의 연결망이 형성되어 버린 것이다.

결국 지금 겪는 모든 반응은 과거의 '재체험(이미 만들어진 뉴런 연결망을 따라 신경 충격이 흐르는 것)'이다. 이미 견고하게 만들어진 뉴런의 연결망을 따라, 과거의 억울함과 공포라는 신경 충격이 다시금 흐르고 있을 뿐이다.

▶▶

연인이 한 배려의 말에 크게 화내는 사람

어릴 적, 그 누구에게도 소중한 대접을 받지 못하고 자란 아이가 있었다. 몸이 아파 끙끙 앓아도 어머니는 약을 주며 "괜찮을 거야"라고 무심하게 말할 뿐이었다. 그 병조차 어머니가 먼저 알아챈 게 아니라, 아이가 열이 난다고 호소한 끝에야 겨우 약을 얻은 것이었다. 아프니까 병원에 데려가 달라고 부탁해야 겨우 의사의 진찰을 받을 수 있었다.

아버지도 어머니도, 단 한 번도 아이를 소중하게 대해주지 않았다. 아이는 매일 아버지가 기뻐할 만한 말을 골라 해야 했다. 아버지에게 아이는 신경안정제 같은 존재였다. 아버지는 기분이 나빠지면 아이에게 화를 쏟아냈다.

그렇게 늘 '중요하지 않은 존재'로 취급받으며 자란 아이가 어른이 되어 연애를 했다. 어느 날 그가 몸이 아팠다. 연인은 이모저모 신중하게 상태를 살피더니, 걱정스러운 말투로 "괜찮을 거야"라고 말했다.

하지만 그 말을 들은 그는 돌연 화를 냈다. 연인의 따뜻한 말에 격분한 것이다. 어릴 적부터 쌓여온 무의식 속 분노와 원망이 한꺼번에 폭발한 듯했다.

"괜찮을 거야"라는 연인의 말을 듣는 순간, 어릴 적 어머니의 말을 들었을 때와 똑같은 기분을 느꼈다. 뇌가 조건 반사적으로 그때와 똑같은 비참한 기분을 불러온 것이다. 다시 말해, 그는 연인이 자신을 소중하게 여겨주지 않고, '중요하지 않은 존재'로 취급했다고 느꼈다.

사실 그가 어릴 적 겪었던 상황에서 "괜찮을 거야"라는 말은, '너는 소중하지 않다', '네 고통은 중요하지 않다'라는 뜻이 맞았다. 그때의 느낌은 타당했다. 문제는 그 말에 자극받는 뉴런의 연결망이 그의 뇌 속에 너무나 깊고 단단하게 형성되었다는 점이다.

그에게 "괜찮을 거야"라는 말은 평생토록 '방치'와 '무시'를 의미했다. 그래서 연인에게 그 말을 들었을 때, 뇌의 신호는 가장 익숙하고 전달되기 쉬운 뉴런 연결망(과거의 상처)을 따라 순식간에 흘러갔다.

그 결과, 그는 "이렇게 아프고 괴로운데 또다시 날 중요하지 않은 존재로 취급하다니!"라고 오해하며 격분했다. 어릴 적에는 감히 표현조차 금지당했던 그 분노를 연인에게 터뜨린 것이다. 그의 뇌 구조 안에서 그 말은 그렇게밖에 해석될 수 없었다.

결국 두 사람은 헤어졌다. 연인은 자신의 배려 담긴 위로가 왜 상대의 분노를 샀는지 끝내 이해하지 못했다.

이처럼 정보는 화학 물질을 통해 뉴런 사이를 이동하며, 자주 사용된 경로는 마치 고속도로처럼 정보의 흐름이 원활해진다는 사실은 이미 널리 알려진 바다.

여기서 마음챙김의 가치가 드러난다. 마음챙김이란 한마디로 '사심(에고에 얽매인 마음)이 없는 상태'다. 몸에 비유하자면 탁해진 피를 맑게 정화하는 것과 같다.

마음챙김을 하는 사람은 다양한 관점으로 사물을 인식할 수 있다. 내 감정에 매몰되지 않고 상대의 입장에서 상황을 바라볼 수 있다. 그 결과 오해로 인한 트러블이 현저히 줄어든다.

반면 자기 자신(과거의 상처나 자아)에 얽매인 사람은 트러블이 끊이지 않는다. 그들은 시야가 좁아 다양한 관점으로 사물을 보지 못한다. "나는 이런 점은 뛰어나지만, 이런 점은 부족해"라고 객관적으로 자신을 파악하지 못하는 것이다.

그래서 비판을 받으면 불같이 격분하고, 화내지 않을 때는 땅이 꺼질 듯 침울해한다. 우쭐했다가, 의기소침했다

가. 감정의 기복이 널뛰기를 한다.

다양한 관점으로 세상을 보는 사람은 비판을 받아도 노발대발하지 않는다. 극단적으로 침울해하지도 않는다. 타인을 볼 때도 상대의 결점과 장점을 있는 그대로 이해한다. 그런 사람은 모든 면에서 자신이 완벽하게 뛰어나야 한다고 생각하지 않는다. 그렇기에 우쭐했다가 의기소침해지는 식의 격렬한 감정 기복이 없다.

마음놓침 상태에 빠진 사람은 자신이 무언가 하나라도 잘해내지 못하면, 상대를 자기보다 '잘난 사람'으로 단정 짓고 심각한 열등감에 시달린다. 스스로를 지옥으로 몰아넣는 것이다.

▶▶

고정 관념의 정체를 안다

마음챙김을 실천하며 살면 인생의 갈등이 눈에 띄게 줄어든다. 선입견이 만연한 가정이나 직장에서도 유연하게, 보다 순조롭게 살아갈 수 있는 힘이 생긴다.

반면 마음놓침 상태에 빠진 사람은 낡은 고정 관념에 얽매여 산다. '여자는 이래야만 한다', '남자는 저래야만 한다'라는 좁은 틀 속에 갇혀 있는 것이다. 이런 사람은 조금만 일이 틀어져도 금세 다 틀렸다고 속단하며, 남을 책망하거나 스스로에게 절망한다.

흔히 나이를 먹으면 고집이 세진다고들 하는데, 이는 뇌과학적으로 볼 때 '새로운 뉴런 연결망'이 쉽게 만들어지지 않는다는 뜻이다. 뇌가 굳어버려, 이미 형성된 오래된 연결망을 바꾸기 어려워진 것이다.

앞서 말한 '피책망상'을 가진 사람의 머릿속에는 '나는 비난당하고 있다'라는 뉴런 연결망이 아주 굵게 뚫려 있는 셈이다.

이해를 돕기 위해 장소에 비유해 보자. 어느 지역에서 안 좋은 기억이 있다고 치자. 가령 어릴 적 특정 백화점에서 미아가 되어 공포에 떨었던 경험이 있다면, 어른이 되어서도 무의식적으로 그곳을 피하게 된다. 대체로 사람은 나쁜 기억이 서린 카페는 피하고, 즐거운 추억이 깃든 카페는 자꾸 찾기 마련이다.

인간관계도 마찬가지다. 우리는 전화를 걸기 편한 상대에게 전화를 건다. 친한 사람에게는 연락하기도 쉽고 대화도 술술 풀린다. 인간 사회의 정보와 인맥은 그런 '편한 경로'를 타고 흐른다. 사람마다 몸과 마음이 지칠 때 찾는 단골 가게가 있듯이, 우리 뇌 속에서도 정보가 흐르는 '단골 경로'가 있다.

문제는 이 뇌 속의 경로, 즉 연결망을 바꾸는 것이 매우 어렵다는 점이다. 이는 껄끄러운 인간관계를 바꾸는 것만큼이나 힘든 일이다. 그러니 마음챙김이란 결코 쉬운 일이 아니다.

마음챙김을 한다는 건, 전화를 걸기 힘든 껄끄러운 상대에게 용기 내어 전화를 걸고, 조금씩 대화하기 편한 관계로 만들어 가는 과정과 같다. 처음엔 어렵지만 수없이 반복해서 전화를 걸다 보면, 낯선 사람에게도 점차 연락하기가 수월해지고 결국은 편안하게 대화할 수 있게 되지 않는가. 뇌 속에 '새로운 연결망'이 뚫리기 때문이다.

괴로움을 극복하려면 마음챙김을 해야 한다. 하지만 단번에 되는 일은 아니라는 것을 잊지 말자. 끈기 있는 반복이 필요하다.

마음챙김이란 마음이 활짝 열린 상태이자, 자신을 둘러싼 온갖 것들을 생생하게 자각하는 상태다. 또한 지금껏 보지 못했던 새로운 사실들을 발견하는 마음가짐이기도 하다. 다시 말해, 마음챙김은 곧 '자아실현'의 상태다.

따라서 마음챙김을 하는 사람은 과거가 아닌 '지금'에 머무를 수 있다. 마음이 현재에 머물러 있기에, 한 가지 시각이 아닌 여러 개의 관점으로 사물을 입체적으로 볼 수 있는 것이다. 타인도, 자기 자신도 과거의 낡은 범주로 판단하지 않는 것. 이것이 즐겁고 충만한 인생을 살아가기 위한 핵심 자세다.

그렇기에 나이를 먹어도 포기하지 않고 마음챙김에

정성을 쏟으면, 비록 육체적인 시력은 떨어질지언정 마음의 시야는 계속해서 넓혀나갈 수 있다. 이는 노년의 불안이나 괴로움에서 벗이니 지혜롭게 나이 드는 가장 확실한 방법이다.

>>

불쾌한 감정을 어떻게 다스릴 것인가

학습이란 뇌 속에 새로운 뉴런 연결망이 생겨나는 과정이다. 그러므로 우리는 의식적으로 해석의 방식을 거듭 바꿔가며, 눈앞의 일들을 낙관적으로 풀이할 수 있도록 노력해야 한다.

이를 위한 구체적인 방법으로는 미국 심리학자 아론 벡의 인지치료◆나 앨버트 엘리스의 합리적 정서행동치료◆ 등을 들 수 있다. 아론 벡은 우울증 환자와 심리적으로 건

◆ 부정적 자동 사고와 인지 왜곡이 정서와 행동상의 문제를 일으킨다고 보고 이를 수정하는 데 중점을 두는 인지행동치료의 한 유형.

● 인간의 정서적 고통은 사건 자체 때문이 아니라 그 사건에 대해 가지는 비합리적 신념 때문에 생긴다고 보는 인지행동치료의 한 유형.

강한 사람의 차이는 해석에 있다고 보았다. 그들은 같은 체험을 하더라도 그것을 받아들이고 해석하는 방식이 전혀 다르다는 것이다.

또한 대니얼 골먼은 다음과 같이 말했다.

"불쾌한 감정을 다스리는 능력은 정신의 행복을 얻는 열쇠다.[52]"

이는 곧 현재의 불쾌한 감정을 다른 관점으로 볼 수 있어야 함을 의미한다.

눈앞의 현실은 일반적인 관점에서 보면 그저 '나쁜 상황'일 수 있다. 하지만 관점을 바꿔 바라보면, 지금 일어난 일을 나에게 어떻게 긍정적으로 작용시킬지 궁리할 수 있는 '기회'가 된다.

한 사람의 인격은 어린 시절부터 저마다 시행착오를 거치며 형성된다.

미국의 임상심리학자 조지 와인버그는 이렇게 말했다.

"아이는 시행착오 속에서 사고와 행동 양식을 발전시키고, 종종 모방을 통해 자극받는다.[53]"

사람은 일단 지각知覺 방식이 확립되면 그에 맞춰 행동한다. 예를 들어 순종적인 아이는 사랑받기 위해 늘 예의 바르게 행동하려 애쓴다. 남을 방해하거나 소란을 피우지 않고, 자기 의견조차 내세우지 않는다. 그 결과 아이는 자라면서 점차 자신의 바람이 아닌 타인의 바람을 알아차리는 데 달인이 된다. 하지만 정작 남들은 자기 의견이 없는 그를 '주관 없는 사람'이라며 낮게 평가한다.

아이는 사랑받기 위해 자신을 지웠지만, 다른 사람들이 그를 낮게 평가하는 이유가 자신의 의견을 가지지 않기 때문이라는 사실을 깨닫지 못한다.

사람은 과거에 결과가 좋았던 행동을 반복하려 한다. 각자의 성격은 그 패턴대로 굳어져 현재의 경향을 끈질기게 이어간다. 와인버그는 이를 가리켜 '성격 특성의 동일성 유지'라고 불렀다.

"마음의 상태나 지각 방법이 일단 확립되면, 사람은 그에 맞추어 행동하고, 그것을 거스르는 행동은 피하려는 경향이 있다. 그렇기 때문에 어린 시절이 중요하다."[54]

엘렌 랭어가 말하는 마음챙김은 굳어진 뇌에 새로운 뉴런 연결망을 만드는 일이다. 반면 마음놓침은 기존의 낡은 뉴런 연결망을 답습하는 일이다.

예를 들어 '2미터짜리 문'을 보고 '커다란 판자'라고 생각하지 못하는 것이 전형적인 마음놓침이다. 이런 사람에게 2미터짜리 문은 2미터짜리 문일 뿐, '판자'라는 새로운 개념으로는 받아들이지 못한다.

똑같이 사랑해 줘도 한쪽만 편애한다고 느끼는 것 또한 이와 마찬가지다. 눈앞에 '판자(새로운 가능성/사랑)'가 있는데도, 고정 관념에 갇혀 '문(기존의 인식/편애)'밖에 없다고 생각하는 것이다.

➤➤

많은 문제를 일으키는 사람

집에 돌아왔을 때 가족이 "늦었네"라고 말했다고 치자. 대부분의 사람은 걱정해 줘서 고맙다고 생각할 것이다.

하지만 어릴 적부터 부모의 과도한 감시를 받으며 자란 사람에게 이 말은 매우 불쾌하게 들린다. 부모에게 감시당할 때 느꼈던 그 숨 막히는 답답함이 순식간에 되살아나기 때문이다. 그는 그 한마디로 인해 과거의 형언할 수 없는 불쾌한 감정을 생생하게 재체험한다.

설령 "늦었네, 수고했어" 같은 애정 어린 말이라도, 그런 사람에게는 자신을 옭아매고 억압하는 소리로 들릴 뿐이다. 그것이 사랑의 말이든, 믿음이 부족해서 하는 속박의 말이든 상관없다. 그에게는 그저 '기분 나쁜 간섭'으로 입력된다.

특히 부모와 자식의 역할이 뒤바뀌어, 부모가 자식에게 집착하는 환경에서 자란 경우는 더 심각하다. 자식은 부모가 자신을 붙들고 늘어지는 불쾌함을 매일같이 맛보며 자랐다. 그 감정은 아이의 마음에 깊숙이 배어들어 좀처럼 지워지지 않는다. 속박에 따른 불쾌감이 뇌에 문신처럼 각인된 것이다.

이런 반응은 시대가 바뀌고 상황이 완전히 달라졌는데도, 낡은 과거의 방식에 맞춰 현재의 사건을 풀이하는 것과 같다. 옛날(어린 시절)에는 분명 그 해석이 맞았겠지만, 지금은 아니라는 것을 잊지 말아야 한다.

"힘내!"라는 말도 마찬가지다. 가벼운 마음으로 던지는 사람도 있지만, 진지하게 상대를 위하는 마음으로 건네는 사람도 있다.

하지만 세상에는 어릴 적부터 노력을 인정받으며 자란 사람만 있는 게 아니다. 단 한 번도 제대로 인정받지 못한 채 자란 사람도 있다. 노력을 인정받지 못하고 자란 사람은 남들이 선의로 "힘내"라고 말해도, "내 사정은 아무것도 모르면서…"라며 내심 상처를 받거나 비꼬아서 들을 수도 있다.

꾸짖음에도 차이가 있다. 보통 부모는 아이를 사랑해서, 아이의 장래를 걱정해서 꾸짖는다. 하지만 모든 꾸짖음이 사랑에서 비롯되는 건 아니다. 본인의 욕구가 좌절된 탓에, 부모가 짜증을 내며 아이에게 화풀이하는 경우도 적지 않다. 부모가 자신의 좌절감을 해소하기 위해 아이를 꾸짖을 때도 있는 것이다.

즉, 부모가 아이를 혼내는 동기는 순수한 '애정'일 때도 있지만, 자신의 좌절감에서 비롯된 '부정적 감정 처리'일 때도 있다. 겉보기엔 같은 꾸짖음이고 말의 내용이 동일하더라도, 그것이 아이의 내면에 끼치는 영향은 완전히 다르다.

문제는 그런 부모 밑에서 자란 아이가 어른이 되었을 때다. 어른이 되어 남에게 주의나 지적을 들을 때, 그것을 받아들이는 방식은 천차만별이다.

부모의 좌절감 때문에 들볶이며 자란 사람은, 어른이 되어서도 타인의 말을 있는 그대로 듣지 못한다. 상대가 애정을 바탕으로 한 조언조차 불만에서 나온 비난으로 받아들이고 상처받는다. 나아가 분노를 느낄 수도 있다.

예컨대 대화 도중 "왜?"라는 말을 들으면, 마치 비난받는 것처럼 느낀다. 그 느낌은 어린 시절에는 사실이었다. 언제나 "왜 그랬어?"라며 추궁당하고 비난받으며 자랐기 때문이다.

하지만 어른이 된 지금, 상대는 그저 단순한 의문이나 호기심으로 "왜?"라고 묻는 경우가 대부분이다. 그런데도 그는 상대가 심한 말을 했다고 느끼고, 혼자 상처받아 화를 내거나 풀이 죽어버린다.

심지어 연인에게 그런 말을 듣고 헤어지려 하는 사람도 있다. 그렇게 진심으로 자신을 아끼고 생각해 주는 사람들과 하나둘 관계가 끊겨 나간다. 결국 주위에 남는 건 그를 자기 좋을 대로 이용해 먹으려는 사람들뿐이다. 정작 그가 곤경에 처했을 때 아무도 도와주지 않는 처지가 된다.

그럴 때 '피책망상(남이 자기를 책망한다고 믿는 망상)'

에 빠진 사람은 주위 사람들이 차갑다고 한탄한다. 하지만 그 차가운 사람들을 곁에 둔 것은 다름 아닌 자신이다. 따뜻한 사람들을 본인이 먼저 "심하잖아", "나를 무시했어"라며 잘라내 버렸기 때문이다.

피책망상에 빠진 사람이 어른이 되어 원만한 인간관계를 유지하려면, 끊임없이 자신을 점검해야 한다. '내가 상대의 말을 과거의 잣대로, 예전과 같은 방식으로 왜곡해서 받아들인 건 아닌가?' 이렇게 항상 확인해 볼 필요가 있다.

관점을 바꾸지 않으면 제대로 살아갈 수 없다. 엘렌 랭어는 "마음놓침에 빠진 사람은 인생에 트러블이 많다"라고 했는데, 이는 정말로 뼈아픈 진실이다.

▶▶

사랑을 받은 기억이 있는가

일본의 대표적인 가곡 〈어머니의 노래〉 같은 노래를 들으며 코끝이 찡해진 경험이 누구에게나 있을 것이다. 밤

늦도록 장갑을 짜주시던 어머니, 자식을 위해 헌신하던 그 모습이 그리워지는 노래들이다. 어른이 되어 인생의 거친 파도에 부딪혔을 때, 마음이 무너지지 않도록 지탱해 주는 것은 다름 아닌 바로 이런 따뜻한 기억이다.

자식에게 '자기존중감'이라는 단단한 뿌리를 심어주는 것은 바로 이런 어머니의 사랑이다. 물론 그 대상이 꼭 어머니일 필요는 없다. 아버지나 조부모님, 형제자매, 혹은 친척이나 가까운 지인일 수도 있다.

"나는 사랑받는다", "나는 온전히 받아들여졌다"는 감각은 이런 구체적인 기억에서 비롯된다. 그리고 사람은 그 감각 없이는 행복해지지 못한다.

이런 기억을 가진 사람은 막대한 유산만 상속받은 사람과는 비교도 안 될 정도의 귀한 재산을 물려받은 셈이다. 큰돈이 사람을 반드시 행복하게 해주지 않지만, 사랑받은 기억은 반드시 그 사람을 행복하게 해준다.

어릴 적 형성된 이런 기억을 이길 수 있는 힘은 없다. 어린 시절 만들어진 뉴런 회로는 그리 쉽게 무너지지 않기 때문이다. 자기 존중으로 이어지는 탄탄한 회로를 가진 사람은, 어른이 되어 남들에게 잠시 소외당하더라도 행복의 근간이 흔들리지 않는다. 그 정도의 일로는 자신감이 흔들리지 않는 것이다. 이것이 바로 어릴 적 형성된 '사랑의 뉴런 회로'가 가진 힘이다.

반대로 "사랑받지 못했다"는 뉴런 회로가 형성된 사람은 자기 멸시의 늪에서 빠져나오기가 무척 어렵다. 그들은 평생 타인을 불신하며 외롭게 생을 마감하는 경우가 많다.

뇌과학적으로 보면 그 이유는 이렇다.

편도핵에는 내장 감각과 같은 체내 감각을 포함해 온갖 종류의 감각 정보가 다 모인다. 그것이 대뇌 측두엽의 해마와 상호작용하여 좋고 싫음을 판단한다. 편도핵에 모인 정보가 즐거우면 즐거운 기억으로 해마에 기록된다. 가령 아이가 바다에

서 즐겁다고 느꼈다면 다음번에는 바다가 좋아지는 것이다.[55]

사랑받지 못한 사람은 뇌 속에 부정적인 회로가 고착화되어 있을 가능성이 높다. 그러므로 피해의식이나 피해망상에 시달리는 사람은 의식적으로 '새로운 뉴런 회로'를 만들기 위해 부단히 노력해야 한다. 과거의 회로를 덮어쓰고 새로운 길을 내는 과정, 그것이 바로 마음챙김을 하는 사람이 되기 위한 노력이다.

>>

대인공포증을 만들어 내는 것

어린 시절, 부모에게 일상적으로 혼나며 자란 사람이 있다. 그는 부모에게 혼나는 것이 너무나 두려워, 부모가 눈앞에 있든 없든 늘 벌벌 떨며 지냈다. 더 비극적인 것은, 자신이 도대체 왜 그렇게까지 혼나야 하는지 영문조차 모른 채 공포에 시달렸다는 점이다.

그렇게 자란 사람은 어른이 되어서도 무의식 중에 타인과의 만남을 두려워한다. 상대가 언제 돌변하여 자신에게 화를 낼지 모른다는 불안감 때문이다.

어릴 적 부모가 화를 냈을 때 느꼈던 그 원초적인 두려움은 그리 쉽게 사라지지 않는다. 물론 부모가 자식을 훈육할 수는 있다. 하지만 '애정'을 바탕으로 혼내는 것과 '미움'을 바탕으로 혼내는 것은 완전히 다르다. 부모가 마치 증오로 똘똘 뭉친 덩어리처럼 느껴질 때, 그 앞에서 혼나는 아이는 공포에 질려 덜덜 떨 수밖에 없다.

그때 느꼈던 공포의 전율은 뇌의 편도핵에 깊이 각인된다. 그래서 어른이 되어서도 비슷한 상황에 처하면 조건반사적으로 겁을 먹게 된다. 과거의 끔찍했던 경험이 뇌 안에서 생생하게 되살아나는 것이다.

대인기피증이나 대인공포증이 있는 사람이 남들 앞에서 필사적으로 '이상적인 자신'을 연기하려 하는 이유도 바로 이 때문이다. 완벽하고 이상적인 모습을 보여주면 적어도 질책당할 일은 없을 거라는 방어 기제다.

이런 사람은 질책당하는 것이 죽기보다 두려워 잔뜩 움츠러든다. 어릴 적 타인(부모)과 함께 있으면서 즐거웠던 기억이 전무하기 때문이다.

타인과 함께하는 시간이 늘 두려웠다면, 대인공포증이 생기는 것은 어쩌면 자연스러운 결과다. 성장기에 가장 의지해야 할 대상이 증오로 가득 찬 인물이었고 그에게 끊임없이 질책받았다면, 뇌에 공포의 신경 회로가 구축되는 것은 피할 수 없는 일이기 때문이다.

이런 환경에서 자란 사람은 자신의 단점을 마주하기 두려워한다. 그 단점 때문에 늘 비난받았고, 그 결과 열등감에 깊이 빠져들 수밖에 없었기 때문이다.

하지만 사실 단점 그 자체가 문제는 아니다. 핵심은 '나에게 소중한 사람이 그 단점을 이유로 나를 거부했는가, 아니면 있는 그대로 수용해 주었는가'하는 경험에 있다.

어린 시절 자신의 부족함 때문에 혼나며 자랐다면,

성인이 되어서도 타인과 함께 있는 자리가 편안할 리 없
다. 누군가를 사귀는 행위 자체가 즐거움이 아닌 위협으로
다가오기 때문이다.

모든 것이 의존적이었던 어린 시절, 생존을 위해 의
지해야만 했던 타자와 마주하며 느꼈던 그 압도적인 공포
는 편도핵에 깊이 각인된다. 생존이 걸린 관계에서 겪은
질책은 긴 시간이 흐른 뒤에도 지워지지 않는 두려움의
흔적을 남긴다.

어린 시절 사나운 개에게 물린 아이를 떠올려 보면
납득이 갈 것이다. 심지어 개를 볼 때마다 물렸다면, 어른
이 되어서까지 개에 대한 공포가 사라지지 않는다 해도
충분히 이해할 수 있지 않은가.

그것은 머리로 이해하는 지적인 기억이 아니라 감정
적인 기억이다.

타인에 대한 두려움을 항상 품고 있는 한, 남들과 제

대로 된 대화를 나누는 것은 불가능하다. 진정한 마음의 교류 또한 일어날 수 없다. "네 머리가 나빠서 이렇게 된 거야"라는 질책을 들으며 자란 아이가, 어른이 되어 나쁜 일이 생길 때마다 "역시 내 머리가 나쁜 탓이야"라고 자신의 단점과 연결 지어 해석하는 것은 어찌 보면 당연한 수순이다.

성장기에 '무섭다'라는 감각이 마음에 새겨지면 삶이 즐겁지 않다. 타인을 만날 때마다 '무섭다'. 타인을 만나지 않고 혼자 있을 때조차 '무섭다'. 결국 이렇게 되면, 살아간다는 것 자체가 싫어지는 비극에 이르고 만다.

＞＞

안도감이 충족되는가

우리는 일상에서 갖가지 불쾌한 감정에 시달린다. 누구라도 이런 감정은 피하고 싶겠지만, 사는 동안 이를 완전히 피할 수는 없다.

우리는 불가피하게 몸과 마음의 아픔을 포함한 불쾌

한 감정의 습격을 받는다. 누구나 이 불쾌감을 적절하게 다스리고 싶어 하지만 마음처럼 쉽지 않다.

겉보기에는 순풍에 돛 단 듯 평탄한 인생을 산 사람이 노년기에 접어들어 우울증으로 고생하는 경우가 있는가 하면, 반대로 젊은 시절 병마를 비롯한 갖은 난관에 시달렸던 사람이 노년기에는 오히려 건강하게 사는 경우도 있다.

이처럼 인생은 우리 생각대로, 혹은 계산대로만 흘러가지 않는다. 그 사실을 알면서도, 어떻게든 몸과 마음의 불쾌감을 가능한 한 다스려 보려 노력하는 태도. 그것이 바로 마음챙김이다.

한 남성이 쉰 살 무렵부터 극심한 만성 피로 증후군에 시달렸다. 그는 어릴 적부터 부모를 포함한 주위 사람들에게 "넌 왜 그렇게 늘어져 있니", "꼭 백수 건달 같구나"라며 놀림을 받았다. 놀림받는 것이 싫고 괴롭다는 그의 마음을 진심으로 헤아려 준 사람은 아무도 없었다. 그

는 갖가지 병을 앓다가 인생 후반에 이르러 결국 만성 피
로 증후군이라는 진단을 받았다.

사실 그는 어릴 적부터 항상 피곤했다. 초등학교, 중
학교 때도 피로감 때문에 학교를 자주 빠지곤 했다. 물론
신체적인 원인이 있어서 몸이 늘어진 것은 아니었다. 마음
의 병이 깊어 신체적인 피로로 나타났을 뿐이다. 마음의
아픔이 몸이라는 통로를 통해 비명을 지른 셈이다. 마음
때문에 몸이 아픈 것이니, 외과적으로 문제가 생긴 부위를
도려낸다고 해서 나을 수 있는 병이 아니었다.

어린아이는 자신이 신뢰하는 부모로부터 온전히 이
해받을 때 비로소 안심한다. '안도감'이라는 인간의 기본
적 욕구가 충족되어야 아이의 몸과 마음이 모두 만족하기
때문이다.

아이가 무슨 말을 할 때 부모가 "그랬구나"하고 고개
를 깊게 끄덕여주면, 아이는 몸과 마음 모두에서 깊은 안
도감을 느낀다. '엄마 아빠가 내 마음을 알아줬어'라는 충
족감을 느끼는 것이다. 그러면 아이는 '이대로여도 난 괜

찮아'라고 생각하게 된다. 바로 이 감각이 아이의 마음을
성장시키는 자양분이 된다.

부모가 자신을 알아준다는 기분을 느끼며 자란 아이
와, 전혀 알아주지 않는다고 느끼며 자란 아이. 이 둘의 인
생은 천국과 지옥만큼이나 큰 차이가 난다.

학교에서 꼴찌를 해도 따뜻하게 안아주는 부모가 있
으면 아이는 자신감을 얻는다. 4등을 해도 부모가 진심으
로 '4등이라니, 정말 장하다'라고 느끼면 아이는 자신감을
가진다. 아이는 부모의 '성적표(평가)'를 먹고 자라는 게
아니라, 부모의 '감정'을 먹고 자라기 때문이다.

아이는 누군가와 비교당하기보다 있는 그대로의 모
습을 인정받고 싶어 한다. '설령 부족한 면이 있더라도, 부
모님만은 나의 진정한 가치를 알고 있다'는 믿음이 아이
의 자신감을 길러주는 뿌리가 된다.

앞서 언급했듯 부모가 아이의 이야기에 "그랬구나"

하며 깊이 공감하고 경청할 때 아이는 비로소 안심을 얻는다. 이를 다른 말로 하면 아이가 가정 안에서 단단한 '소속감'을 갖게 된다는 뜻이다. 이러한 소속감을 바탕으로 자라난 아이는 열등감에 휘둘리지 않는, 심신이 건강한 성인으로 성장한다.

반면 이런 경험이 없는 사람은 평생 동안 마음속 깊은 곳에서 불안에 떤다. 끝없이 열등감에 시달리고, 괴로운 인생에 몸과 마음이 소모된다.

안도감이라는 기본 욕구가 충족되지 않으면, 그 근원적 불안은 마음의 병뿐만 아니라 신체화 증후군을 비롯한 여러 가지 통증으로 나타난다. 그 결과 몸과 마음의 아픔에 시달린다.

>>

'아무도 날 이해해주지 않아'라는 마음은 지옥이다

아이를 괴롭힘으로써 자신의 마음을 달래는 부모는 비교를 무기로 삼는다. 이런 부모를 둔 아이의 인생은 그야말로 지옥이다.

부모는 사사건건 다른 아이와 비교하며 "넌 왜 이렇게 뒤쳐지니", "왜 이것밖에 못하니"라며 끝없이 질책한다. 그러니 아이의 인생은 저절로 괴로워질 수밖에 없다.

이런 사람이 어른이 되었을 때 가장 중요한 과제가 있다. 바로 자신이 '지옥에서 태어났다'는 사실을 뼈아프게, 그러나 똑똑히 자각하는 일이다.

그 사실을 직시해야만 비로소 "난 왜 사는 게 이렇게 힘들까?"라는 질문을 스스로에게 던질 수 있게 된다. 나아가 '이 괴로움에는 분명 의미가 있을 거야', '이 고통이 나에게 무엇을 가르쳐 주려는 걸까?'하고 깊이 생각하게 된다. 그렇게 질문을 던질 때, 비로소 칠흑 같은 괴로움 속에서 희미하게나마 길이 보이기 시작한다.

앞서 '백수 건달' 같다고 놀림받던 아이를 떠올려 보자. 그 아이는 아무도 자신의 마음을 알아주지 않는 고립감 때문에 더욱 무기력하게 늘어져 지냈다. '아무도 날 이해해 주지 않아.' 이 마음은 아이에게 지옥이었다.

그래서 늘 불만이 가득했고, 자신도 주위 사람들도 모두 시시하다고 느꼈다. 삶 자체가 불만덩어리였다. 또한 어릴 적부터 살아간다는 것 자체가 불안했다. 아이는 이미 몸과 마음 양쪽으로 심각한 문제를 안고 있었던 것이다.

더욱 잔인한 것은, 그 내면의 불만이 무기력으로 표출된 상태를 두고 주위 사람들이 "백수 같다"며 조롱했다는 사실이다.

그 아이의 마음에 각인된 불만과 불안은, 어른이 되어 몸을 통해 터져 나오기 시작했다. 말로는 도저히 표현하기 힘든 불쾌감, 즉 원인을 알 수 없는 만성적인 '몸과 마음의 통증'으로 나타난 것이다.

그것은 우울증이라는 말을 뛰어넘는 괴로움과 불쾌감으로 그야말로 어찌할 도리가 없는 고통이었다. 단순히 "몸이 안 좋다"는 말로는 다 담을 수 없는 심신의 비명이었던 것이다. 그 결과, 그 아이의 인식 범위와 활동 영역은 점점 줄어들 수밖에 없었다.

마음의 고통은 때로 '신체화 증상Somatization'으로 표현된다. 어른이 되어 뚜렷한 이유 없이 몸과 마음의 극심한 아픔을 겪는 사람들이 있는데, 이는 마음의 괴로움에 더해 원인 불명의 '신체적 통증'까지 덮치기 때문이다. 그저 "너무 괴로워, 더는 살 수 없어"라는 비명만 나오는 상태다.

이는 언어로 정확히 규정할 수 없는 증상이다. 남에게 설명하기는커녕, 본인조차 자신의 고통을 표현할 적절한 단어를 찾지 못한다.

신체 기능에 기질적인 문제가 있는 것은 아니다. 어디까지나 존재에 대한 심각한 불안이 육체의 증상으로 바뀌어 나타났을 뿐이다. 하지만 두려움, 구역질, 숨 막힘, 전신 통증 등 온갖 고통이 한 덩어리로 뒤엉켜 형언할 수 없는 괴로움으로 그 사람을 덮친다.

물론 온갖 정밀 검사를 해봐도 원인은 찾을 수 없다. 심전도나 단순한 혈액 검사 따위로는 결코 잡아낼 수 없는, 마음에서 비롯된 병이기 때문이다.

교활한 사람에게 이용당하기만 하는 사람

인간에게 무엇보다 절실하게 필요한 것은 '보호와 안전'이다. 앞서 백수 같다고 놀림받았던 그 사람은 어린 시절 이 보호와 안전을 철저히 박탈당했다.

아이는 본능적으로 주위 사람의 관심을 자신에게로 끌어오려 한다. 그래서 어릴 적 자기가 하는 말에 부모가 귀를 기울여 준 사람은 충분한 심리적 보호와 안전성을 획득한다. 부모가 "그랬구나"하고 고개를 깊게 끄덕이며 공감해 줄 때, 아이는 자신과 세상을 잇는 단단한 소속감을 느끼며 성장한다.

그러나 모든 아이가 부모의 관심을 충분히 받으며 자라는 것은 아니다. 관심은커녕 자기 이야기를 철저히 무시당하며 자라는 아이도 많다. 그런 아이는 어른이 되면 타인의 관심을 지나치게 요구하며, 대상을 가리지 않고 사랑을 갈구한다.

그 결과, 또다시 주위의 교활한 사람들에게 농락당한다. '이용해 먹기 딱 좋은 사람' 취급을 받는 것이다. 교활한 사람 입장에서는 타인의 애정에 굶주린 이들만큼 다루기 쉬운 먹잇감이 없기 때문이다.

결국 백수 같다고 놀림받던 그는, 사회 속에서 성장하는 내내 부모 형제를 비롯한 교활한 사람들에게 이용당하고, 농락당하고, 속으면서 살아올 수밖에 없다. 더 비극적인 것은, 자신이 착취당하고 있다는 사실조차 본인은 깨닫지 못한다는 점이다.

이런 사람은 "당신, 정말 멋진 사람이군요!"라는 칭찬을 듣는 순간, 그 말을 한 사람을 맹목적으로 믿어버린다. 게다가 그 믿음에는 지속력이 없다. 그래서 끊임없이 타인에게 확인받으려 하고, 달콤한 말을 계속해서 듣고 싶어 한다. 그 결과 수상한 사이비 종교인이 "이 돌을 사면 행복해집니다"라고 말하면 덜컥 사버리는 것이다.

정말 불행한 사람이 알지 못하는 것

앞서 백수 같다고 놀림받던 그 사람은 당연히 제 목소리를 낼 수 없었다. 자기주장을 하면 미움받을까 봐 두려워했다기보다, 애초에 '자기주장'이라는 개념 자체를 이해하지 못했다고 보는 편이 맞을 것이다.

그는 자신의 욕구를 솔직하게 따르며 살아갈 수 없었다. 심지어 '버림받는 불안'조차 느끼지 못했는데, 태어난 순간부터 줄곧 버림받은 상태였기 때문이다. 물고기가 물의 존재를 의식하지 못하듯, 그는 자신이 세상으로부터 버려졌다는 사실조차 인식하지 못했다. "물고기가 맨 마지막에 깨닫는 것이 물"이라는 말처럼 말이다.

반면 사랑받는다고 느끼는 사람은 자신의 욕구를 솔직하게 따를 줄 안다. 버림받을지 모른다는 불안이 없기에, 비로소 자신의 욕구를 온전히 감각할 수 있는 것이다.

좋아하는 음식을 먹으며 마음에 위안을 얻는 것. "아, 맛있다" 하며 한숨 돌리는 여유. 이것이 바로 '마음의 저녁 식사'다. 느긋하게 쉬면서 "졸리네"하고 중얼거리는 그 사소한 체감이 곧 행복이지만, 그는 그 감각조차 경험해 보지 못했다. 그에게는 행복도, 불행도 없이 오직 무감각만이 존재했을 뿐이다.

자신의 불행을 아는 사람은 그나마 나은 편이다. 불행하다는 사실을 '인지'할 수 있다는 뜻이기 때문이다. 된장국 한 그릇을 먹으며 "짜다"고 느낀다면 살아 있는 사람이다. 그 감각이 곧 생존의 증거이기 때문이다.

하지만 그에게는 인생이 짜다고 느낄 미각조차 남아 있지 않았다.

누군가 나를 위해 음식을 만들어 주었던 기억이 있는지조차 희미하다면, 그의 주위에는 정말로 아무도 없었던 것이다. 진정으로 불행한 사람은 타인 없이 홀로 행복을 찾을 수 있다고 착각하곤 한다.

이발소에서 누군가 머리를 감겨줄 때의 기분 좋은 자극, 살결에 닿는 옷감의 부드러운 감촉. 이렇게 사소한 감각에서 기쁨을 발견할 수 있는 사람은, 설령 한겨울에 낡은 누더기를 걸치고 있어도 여전히 삶의 존엄과 행복을 지켜낼 수 있다.

>>

세상으로부터 항상 거부당한다고 생각한다

백수 같다고 놀림받던 그는 마음속 깊은 갈등을 해결하지 못했다. 그래서 아무리 좋은 약을 먹고 용한 의사를 찾아다녀도 몸 상태는 조금도 나아지지 않았다.

분노가 투쟁 혹은 다른 직접적인 형태로 표현되면 병에는 걸리지 않는다.[56]

그 사람의 경우에는 마음의 갈등이 직접적인 형태로 표현되지 않았다. 대신 그 갈등은 영문 모를 불쾌감으로 변질되어 간접적으로 드러났다. 신체화 증후군이 되어 뚜

렷한 신체 증상으로 나타나거나, 이유 없는 무기력증으로 표출되곤 했다. 그러니 자신의 마음 상태가 어떠한지 스스로에게도, 주위 사람들에게도 전혀 설명하지 못했다.

매우 흥미로운 사실은, 사람들이 겉으로 드러나는 기질적인 병에 걸리면 불안이 사라지는 경향이 있다는 것이다.[57]

차라리 암이나 당뇨처럼 이른바 '형태가 있는' 병에 걸려서 자신이 불안하다는 사실을 명확하게 자각할 수 있는 편이, 본인에게는 심리적으로 훨씬 편하다.

오히려 더 괴로운 것은 겉으로 드러나는 기질적인 병에 걸리지 않았을 때다. 그럴 때 환자는 그저 살아가는 것 자체가 고통스러울 뿐, 어떻게 행동해야 좋을지 알 수 없어 방황하게 된다.

증상의 목적은 가로막힌 리비도◆로부터 생명체를 지키는 것

◆ 사람이 내재적으로 갖고 있는 성욕 또는 성적 충동.

이 아니라, 오히려 불안이 발생하는 상황으로부터 개체를 보호하는 것이다.[58]

그 사람이 늘 피곤하다며 학교를 빠졌던 행동 역시, 바로 '불안이 발생하는 상황으로부터 개체를 보호'하기 위한 무의식적 방어 기제였다.

우리가 일정한 정신의학적 병의 사례에서 보이는 특정한 충동들을 개별적으로 파악하는 일의 중요성을 가볍게 여기려는 것은 아니지만, 불안이 심적 공통분모라는 점은 강조하고 싶다.[59]

그의 세계는 언제나 그를 거부하고 있었다. 주위 사람이 그에게 무슨 말을 하든, 그는 그 말의 의미를 '거부'로 받아들였다. 일종의 '피책망상'에 빠져 있었던 것이다. 피해망상이라는 말은 일상에서 자주 쓰이지만, 멸시를 당하거나 책망을 받는다고 느끼는 '피멸시망상'이나 '피책망상'이라는 말은 거의 쓰이지 않는다.

우리 주변에는 무언가 마음에 안 드는 일이 생긴 것도 아닌데 화를 내는 사람이 있다. 그들은 일상생활에서 늘 불만에 가득 차 있다.

한 여성은 일흔네 살인 어머니 이야기를 하며 한탄했다.

"어머니는 내가 하는 모든 일을 못마땅해했어요. 그 옷은 뭐냐, 이걸 입어라, 저걸 입어라 하는 식이었죠. 그리고 당신이 정해준 옷을 입지 않으면 불쾌해했어요."

상담을 청한 이 여성은 어머니가 도대체 왜 항상 짜증을 내는지 이해할 수 없어 했다.

이처럼 왜 화를 내는지 알 수 없는 사람은, 비록 도둑질 같은 범죄를 저지르지 않더라도 주위 사람을 몹시 힘들게 만든다.

증오를 원동력 삼아 맹렬히 일하며 돈을 모으는 사람도 있고, 돈을 얻기 위해서라면 수단을 가리지 않고 무기를 들고 강도질까지 하는 사람도 있다. 하지만 이런 사람들은 도덕적 시비를 떠나 그 목적만큼은 명확해, 차라리 이해하기는 쉽다.

반면 어째서 그런 행동을 하는지 주위 사람들이 도무지 알기 힘든 인물이야말로 정말 다루기 어렵다.

그런 사람들은 일상생활 속에서 무심코 던진 말도 오해하며 잘못 받아들인다. 평범한 말을 건네도 '난 거부당했어'라고만 생각하는 것이다.

이를테면 통화하던 상대가 긍정의 의미로 "그래" 하고 말하면, 그런 사람은 "그래"라는 말을 대화를 끝내자는 의미로 받아들여 곧바로 전화를 끊어버리고는 한다. 상대는 무슨 일이 일어난 것인지 알 수 없어서 망연자실해진다. 피책망상에 시달리다 보면 이런 황당한 상황이 언제든 벌어질 수 있는 것이다.

➤➤

인간관계를 파괴하는 잘못된 믿음

피책망상에 빠져 있는 사람은 당연히 인간관계가 순탄하지 않다. 주위 사람들은 비난할 의도가 전혀 없는데도, 자신은 비난당하고 있다고 굳게 믿으며 매번 불편한 상황을 만드니 주변에서도 견뎌낼 재간이 없다. 그래서 대부분은 '저 사람과는 도저히 잘 지낼 수가 없다'고 판단하고 곁에서 멀어진다.

만약 피책망상을 가진 사람이 자신이 아니라 상대방의 입장으로 관점을 바꿔서 이야기를 듣는다면 그의 세상은 완전히 바뀔 것이다. 상대는 결코 그 사람을 탓하고 있지 않기 때문이다.

앞서 이야기한 백수 같다고 놀림 받던 그 사람은 무슨 일에서든 자신의 가치가 무시당한다고 느꼈다. 그는 어릴 적 열등감이 심한 부모로부터 언제나 멸시당하며 자랐다. 부모는 아이를 멸시함으로써 본인의 상처받은 마음을 달랬다. 부모에게는 아이의 가치를 무시하는 행위가 일종의 마음 안정제 구실을 했던 셈이다.

그런 부모 밑에서 자라면 어떻게 될까? 어른이 되어서도 자신이 하는 일은 모조리 가치를 무시당한다고 느낀다. 그의 관점은 오직 하나, '내가 하는 일에는 가치가 없다'는 고착된 생각뿐이다. 이것이 바로 전형적인 마음놓침 상태다.

그가 단순한 조언이나 주의조차 자신에 대한 멸시로 받아들이는 이유는, 상대의 관점에서 생각하는 법을 잊었기 때문이다. 물론 어린 시절의 그에게는 그런 방어 기제가 옳았을 것이다. 그때의 부모가 건넨 말 속에는 실제로 경멸의 메시지가 숨어 있었을 테니까.

하지만 성인이 된 지금, 그를 둘러싼 세계는 바뀌었다. 그럼에도 그는 여전히 예전과 똑같은 방식으로 타인의 말을 곡해하고, 자신이 경멸당했다고 굳게 믿는다.

많은 이들이 어린 시절 세상을 보던 방식에 평생을 지배당한 채, 현재의 노력조차 제대로 보상받지 못하며 살아간다. 우리가 꼭 기억해야 할 사실은, '보낸 메시지'와 '받은 메시지'가 반드시 일치하는 것은 아니라는 점이다.

상대가 심한 말을 한다고 느낄 때조차 이 점을 유념해야 한다. 상대의 발언에 대한 지금 자신의 해석이 과연 옳은지 다시 한번 생각해 봐야 한다. 어쩌면 상대는 내가 생각하는 것과 전혀 다른 의미로 말했을지도 모른다.

멈춰 서서 이렇게 생각할 줄 아는 것, 그것이 바로 마음챙김을 하는 사람의 태도다.

≫

부모에게 거부당하며 자란 사람은 삶이 괴롭다

조현병을 앓던 한 어머니가 있었다. 그녀는 내심 아이가 싫었지만, 그 사실을 인정하고 싶지 않았다. 동시에 아이에게 미움받기는 싫었고, 사랑받고 싶은 욕구도 있었다. 이런 모순된 심리가 그녀의 말과 행동을 뒤틀리게 만들었다.

그녀는 자신이 다른 사람을 싫어하기 때문에 미움받

는 두려움을 잘 알았다. 그래서 본심을 숨기기 위해 마음을 꾸며냈고, 아이에게는 짐짓 다정한 말투를 썼다.

조현병을 가진 아이의 부모에 대해서는 흔히 이렇게 설명된다. 자신이 아이를 거부하고 있음에도, 아이에게는 그것을 '수용'으로 받아들이라고 무언의 명령을 내리는 것이다. 만약 아이가 부모의 적의를 눈치채고 물러서면 아이의 뒷걸음질을 비난한다. 반대로 아이가 부모의 기만적인 사랑에 응답하면, 부모는 불안해져서 아이에게 벌을 준다. 즉, 아이에게 '분리'와 '연결'을 동시에 강요하는 셈이다.

한편, 앞서 언급한 백수 같다고 놀림받던 사람만큼 심각하지는 않더라도, 심리적 문제가 있는 부모 밑에서 자란 아이는 마음 깊이 부정적인 감정적 기억을 쌓아간다. 그리고 어른이 되어서도 그 기억 때문에 고통받는다.

어릴 적 부모가 주던 '주의'나 '지적'의 이면에는 늘 거부와 적의가 깔려 있었기 때문이다. 이 오래된 감정적 기억 탓에, 그들은 어른이 되어 듣는 단순한 주의조차 거부로 받아들인다.

어른이 된 이후의 현실은 어린 시절과 엄연히 다르다. 주위 사람들이 주는 조언은 어디까지나 단순한 주의일 뿐이다. 하지만 이런 사람은 거부당한다고 착각해 깊게 상처받고, 분노하고, 우울해한다. 단순한 주의일 뿐인데 자기 존재 자체가 거부당한다고 받아들이기 때문이다.

결국 상대의 언행을 어떻게 해석할지는 전적으로 우리의 과거 경험에 달렸다. 감정적 기억이 형성된 과거와 지금의 현실은 상황이 다르다는 사실을 깨닫는 것, 그것이 바로 마음챙김을 하는 사람의 자세다.

어린 시절 자신을 거부하는 분위기 속에서 자란 사람과 그렇지 않은 사람은 상대의 말을 받아들이는 방식부터가 다르다.

우울증을 앓는 사람들은 남들이 신경도 쓰지 않을 사소한 결점도 당장 극복해야 할 중대한 문제로 여기곤 하는데, 이는 어린 시절 결점이 보이면 부모에게 심한 비난을 받았기 때문이다. 어른이 되어서도 자신의 결점을 과도하게 의식하는 원인이 바로 여기에 있다.

프로이덴버거는 번아웃 증후군에 걸리는 사람들이 결점을 숨기는 데 능숙하다고 말했다. 그들 역시 결점을 지적당하며 자랐기에, 비난받지 않으려 자신을 결점 없는 사람으로 포장하려 애쓰는 것이다.

뒤집어 말하면, 무리하며 살아가는 사람은 대체로 자신의 결점을 필사적으로 숨기고 있다고 볼 수 있다. 타인에게 비난당하고 싶지 않기 때문이다.

그런 사람은 결점이 있어도 다른 사람이 자신을 받아줄 것이라고 생각하지 못한다. 그렇게 느낄 수가 없다. 있는 그대로의 자신도 소중한 존재라고 느껴본 적이 없는 환경에서 너무 오래 살았기 때문이다. 그러니 언제나 다른 사람이 자기를 어떻게 볼지 항상 신경 쓴다. 타인은 늘 자신을 적대시한다고 느끼는 것도 무리는 아니다.

반면, 태평하게 사는 사람들은 그런 분위기 속에서

자라지 않았다. 무리하며 살아가는 사람과는 관점이 정반대다. 거부당하며 자란 사람이 세상을 보는 관점을 바꾸면, 자신이 사는 세계도 달라진다. 이것이 마음챙김 치료의 핵심이다. 하지만 이를 실제로 실행하기란 말처럼 쉬운 일이 아니다.

>>

심신의학은 도움이 되는가

앞서 말한 대니얼 골먼은 뇌·행동과학 전문 저술가이기도 해서 「심신의학이란 무엇인가」라는 논문을 발표했다. 거기서 그는 정신신경면역학^{Psychoneuroimmunology, PNI}의 발달에 대해 언급했다.

PNI에 대한 관심이 급증하면서, 마음과 감정이 건강에 미치는 생리학적 메커니즘에 대해 종래와는 다른 차원의 연구가 시작되었다. 그 메커니즘 중 몇 가지는 이미 수십 년 전부터 알려져 있었다. 하지만 호르몬이나 뇌세포가 신체 각 부위와 소통할 때 사용하는 '신경 전달 물질'에 대해 더 많은 사실이 밝혀

짐에 따라, 스트레스 반응에 대한 이해 또한 깊어지고 있다. 덕분에 스트레스나 정신적 고통을 겪을 때 일어나는 생리학적 변화가가 구체적으로 규명되고 있다. 이러한 변화가 어떻게 심장병 위험을 높이고, 당뇨병 조절을 방해하며, 일부 여성의 난임을 유발하는지 등이 보다 정확히 밝혀지고 있는 것이다.[60]

골먼의 말대로 정신적 고통이 구체적으로 어떠한 생리학적 변화를 일으키는지에 대해서는 앞으로 연구의 여지가 있다. 하지만 정신적 고통이 생리학적 변화를 일으킨다는 사실만은 틀림없다. 문제는 그 변화가 쉽게 이해할 수 있는 것이 아니라는 점이다.

가령 만성 피로 증후군처럼 당사자조차 정확히 설명할 수 없는 불쾌감이 존재한다. 환자 본인도 "사는 게 괴로워" 같은 추상적인 호소밖에 하지 못하는 경우가 많다.

심신의학은 명상이나 이완 훈련부터 자조 모임*에 이르기까지, 마음의 힘을 빌려 기분의 안정이나 병의 회복을 도모하도록 만들어진 다양한 치료법과 기법을 포괄한다. 이에 관한 연구는 늘어나고 있지만, 정작 이러한 치료법의 혜택을 누릴 수 있는 환자 중 극히 일부만이 이를 이용하고 있는 실정이다.

그러나 심신의학에 대한 숱한 의문이 해결되지 않은 상황이라 해도, 우리는 이러한 치료법이 지금보다 훨씬 폭넓게 활용될 가능성이 있다고 보며 또 그래야 한다고 믿는다.

심신의학적 치료법은 만성 질환을 앓는 사람의 삶의 질을 높이고 고통과 괴로움을 완화시킬 크나큰 잠재력이 있다는 사실을 이미 보여주고 있다. 또한 원래 앓던 병의 증세를 조절하거나 개선하며, 스트레스의 영향을 완화함으로써 병 진행을 늦추기도 한다.[61]

이처럼 우리는 심신의학을 통해 다양한 효과를 기대할 수 있다. 어쨌든 마음의 상태가 몸에 영향을 미친다는 사실만은 분명하기 때문이다. 환자의 관점이 바뀌고 마음이 변하면, 몸 상태 역시 달라질 수 있다.

◆ 비슷한 질병과 심리적·사회적 문제를 공유하는 사람들의 모임.

PNI는 마음챙김 효과를 높인다

만성적인 피로에 시달리는 사람들도 마음챙김을 실천하면 기분이 조금은 달라질 것이다. 원인을 알 수 없는 만성 피로에 대해서도, '나는 지금 이해할 수 없는 스트레스에 시달리고 있다'라고 관점을 바꿔 보면 정체 모를 고통에서 벗어날 단초를 찾을 수도 있는 것이다.

또한 오랜 세월 앓아온 만성 피로 증후군의 원인을 흐릿하게나마 파악할 수 있을지도 모른다. 그러다 보면 단순히 약을 먹는다고 해서 살아갈 기운이 솟아나는 식의 간단한 문제가 아니라는 사실도 어렴풋이 납득하게 된다. 마음의 근간에는 자신과 세상을 바라보는 '관점'이 자리하고 있음을 막연하게나마 느끼게 되는 것이다. 그 지점을 정면으로 마주할 수 있다면, 몸과 마음의 아픔도 서서히 이해할 수 있을지 모른다.

몸과 마음의 생리학에 관한 현대의 연구는 1940년에 시작되었다. 당시의 선구적 연구자였던 생리학자 한스 셀리에는 심리적 스트레스가 몸에 끼치는 영향을 연구했다. 그 연구 방법은 요즘 생리학적 연구의 시초이며, 복잡한 PNI 연구부터 분노와 같은 격렬한 감정이 심장 발작 위험을 높이는 생리적 변화를 어떻게 유발하는지에 관한 연구까지 포괄한다.

생리학자에게 중요한 문제는 심리적 요인으로 발생하는 생리적 변화가 실제로 건강에 영향을 끼치는지 여부다.

예컨대 스트레스나 우울이 면역계의 기능을 저하시킨다 해도, 그것이 질병의 위험을 높일 정도로 급격한 저하일까?[62]

골먼도 언급했듯이 이에 관해서는 수많은 연구가 진행 중이지만, 정작 우리에게 중요한 것은 '나 자신'이 '이 설명할 수 없는 괴로움'에서 어떻게 벗어날 수 있는가 하는 문제다.

마음챙김과 PNI 이론이 원활하게 상호작용한다면, 어쩌면 마음챙김은 지금보다 훨씬 더 유용한 삶의 무기가 될지도 모른다.

이에 대한 연구 전망은 밝지만 아직 검증이 완전히 끝난 것은 아니다. 전혀 다른 연구자들이 동일한 결과를 반복해서 얻을 수 있을 때까지는 여전히 실험 단계로 보아야 한다.

게다가 연구 대상 환자에 대한 세심한 추적 조사가 동반되지 않는다면, 자조 모임 등의 개입이 왜, 어떤 방식으로 기능하는지 명확히 밝혀내기 어렵다.

가령 환자들의 자조 모임이 도움이 된다 해도, 그것이 모임 내의 독려 덕분에 환자가 의사의 처방을 더 잘 따르게 되어서인지, 아니면 모임에서 생긴 마음의 안정이 면역력을 높이는 데 직접적인 도움을 주었기 때문인지, 혹은 두 가지 이유가 모두 작용했기 때문인지 불분명하다. 그 어떤 것도 가능성은 있다.

> 사회적 지지나 이완 훈련은 이 분야에서 가장 인상적인 임상 연구 가운데 하나이며, 이것이 식사나 운동과 관련되면 문제는 더더욱 복잡해진다.[63]

그러나 무엇보다 중요한 것은, 지금 고통받는 당사자가 '아, 내 문제는 이것인지도 몰라' 하고 스스로 깨닫는 일이다. 문제의 정체는 마음을 터놓고 지낼 사람이 없는 고립감일 수도 있고, 어릴 적 기억 속에 얼어붙은 공포감, 혹은 황폐했던 가정 환경일 수도 있다. 그 문제의 정체를 어렴풋이나마 파악하게 된다면, 스스로는 상상조차 못했던 '몸과 마음의 아픔'의 진정한 원인에 희미한 빛줄기가 비칠지도 모른다.

부정적인 암시에 지배당하는 사람

불안 장애를 앓는 사람은 타인을 자신에 대한 '공격자Offender'로 여기는 '무의식적 의도Unconscious interest'를 지니고 있다.[64]

예컨대 어떤 불안 장애 환자는 상대가 별 생각 없이 "그 산, 참 예쁘지"라고 말했을 뿐인데도 불쾌해한다. 이를 자신에 대한 모욕으로 받아들인 것이다.

어째서 모욕으로 받아들였을까? 상대를 이미 자신에 대한 공격자로 규정했기 때문이다.

한 불안 장애 환자는 어릴 적부터 산을 좋아해서 등산을 자주 다녔다. 문제는 그가 어렸을 때 그의 부모 또한 불안 장애를 앓고 있었고, 그 탓에 무의식적으로 아이를 모욕해 왔다는 점이다.

카렌 호나이는 "불안 장애 환자에게는 상대를 모욕하려고 하는 무의식적 경향이 있다"라고 말했다.

부모의 그러한 무의식은 어린 시절 그에게 영향을 끼쳤다. 그래서 어른이 되어서도 그는 무슨 말을 듣건 모욕으로 받아들였다. 즉 이 사람은 불안 장애를 앓는 부모로부터 알게 모르게 모욕당해 온 결과, 주위 세계를 적으로 느끼게 된 것이다.

세상이 자신을 모욕하는 적이라고 느끼는 사람에게는 "그 산, 참 예쁘지"라는 별것 아닌 말 한마디가 '등산처럼 쓸데없는 짓을 하다니, 바보같이'라는 뜻으로 들린다. '네가 태평하게 산이나 오르고 있을 때 난 더 가치 있는 일을 했어'라는 뜻으로 받아들이는 것이다.

어린 시절 자신을 둘러싼 세계로부터 늘 굴욕감을 맛본 사람은 주위 사람들 앞에서 항상 움츠러들 수밖에 없다. 특히 어떤 일에 실패하거나 결과가 뜻대로 되지 않으면 이를 자신에 대한 심각한 모욕으로 받아들인다.

불안 장애를 앓는 부모는 본인이 무의식 중에 아이를 모욕하고 있다는 사실을 전혀 깨닫지 못한다.

아이에게 실패는 부모에게 비난당한다는 불쾌감과 깊게 결부된다. 그래서 어른이 되어서도 실패의 공포에 시달린다. 습관처럼 굳어진 부정적 감정으로 인해 어른이 되어서도 어릴 때와 마찬가지로 고통받는다. 어린 시절부터 내내 모욕당하며 살아왔다면, 어른이 되어서도 모욕당한다는 느낌으로부터 벗어날 길이 없다.

"대처 불가능성은 대처에 대한 인지를 왜곡시킨다.[65]"라고 언급한 시버리는 이렇게도 말했다. "치료는 자신에게 걸린 부정적 암시를 깨닫는 데서 시작된다.[66]"

다시 한번 말하지만, 관점이 바뀌면 세상이 바뀐다. 이론은 간단하다. 하지만 이를 실제로 행하기란 여간 어려운 일이 아니다. 현실적으로 세상을 보는 관점을 바꾸는 것은 쉽지 않기 때문이다. 위축된 마음은 그리 간단히 사라지지 않는다.

과거에는 주위 사람들에게 모욕당해 왔다. 그러나 지금은 다르다. 상황이 바뀌었다. 실제로는 모두에게 사랑받고 있을 수도 있다. 하지만 그 바뀐 현실을 깨닫기란 좀처럼 쉽지 않다. 그렇기에 진정으로 마음챙김을 하는 사람이 되는 것은 그리 간단한 일이 아니다.

➤➤

자신과 남을 끝없이 비교하는 사람이 품고 있는 어둠

어린 시절부터 주위 사람에게 모욕당하며 자란 사람은 자신과 타인을 강박적으로 비교한다. 왜냐하면 자신이 강박적으로 비교당하고 모욕받으며 자라왔기 때문이다.

자신과 타인을 강박적으로 비교하는 것은 남보다 우월하고 싶다는 열등감과 남들이 가진 혜택을 용납할 수 없다는 증오심에서 비롯된다.

하지만 정작 이런 사람은 자신의 열등감과 증오심을 의식하지 못한다. 성장 과정에서 "이걸 못하니까 넌 안 되는 거야"라는 말을 들으며 자라왔을 것이기 때문이다. 그래서 '이걸 못하기 때문에 난 세상으로부터 거부당하는구나'라고 굳게 믿게 된 것이다.

어른이 될 때까지 긴 시간 동안 이런 환상 속에서 살다 보면, 결국 그 환상은 움직일 수 없는 현실이 되고 만다. '이걸 못하니까 난 안 되는 거야'라는 비교 의식은 이 사회가 경쟁 사회이기 때문에 더욱 강화된다.

이런 상황에서 탈피하는 첫걸음은 자신을 모욕한 사람이 얼마나 비열한지 깨닫는 것이다. 누군가 자신을 모욕하는 말을 던졌다면, 그 말이 상대의 비열한 마음에서 비롯되었다는 사실을 직시해야 한다.

다시 말해 '그 사람이 뱉은 비열한 말'에 자신이 상처 받았음을 객관적으로 인지하는 것이다. 이것은 상대의 말을 해석하는 관점을 바꾸는 일이다.

상대의 말을 곧이곧대로 받아들이지 말고, 그 사람이 어떤 상황에서 무슨 목적으로 그런 말을 했는지 생각해 봐야 한다. 관점을 바꾸어 바라보는 것이다.

그러면 알게 된다. 상대가 본인의 상처받은 마음을 달래기 위해, 혹은 본인보다 약한 대상을 찾아 괴롭히기 위해 그런 말을 내뱉었다는 사실을 말이다. 그 말을 한 이유와 상황을 알면 말의 영향력은 달라진다.

이치는 간단하지만, 실제로 관점을 바꾸기란 엄청나게 어려운 일이다. 열등감에 시달리는 불행한 사람은 그 감정이 자신을 괴롭힌다는 사실을 알면서도 낡은 관점을 고집한다. 그리고 그 낡은 관점으로 억지스러운 우월감을 추구한다. '모든 면에서 다른 누구보다 뛰어나고 싶다'라는 마음은 본질적으로 불안감이며, 동시에 자기혐오의 발로다.

그 사람에게는 모든 면에서 남보다 뛰어나야만 비로소 인정받았던 과거가 있다. 과거를 바꾸는 것은 불가능하다. 따라서 그 사람은 '남들보다 뒤떨어진다고 들볶여 온 과거'라는 사회적 틀을 가장 먼저 인식해야 한다.

자신이 어떤 사회적 틀 속에서 살아왔는지 자각하지 못하면 아무것도 바뀌지 않는다.

하지만 엘리트 코스를 밟아온 대기업 임원처럼, 남을 능가하는 것이 곧 성공으로 이어지는 환경에 있는 사람은 자신의 관점을 자각하기가 몹시 어렵다. 이런 사람은 노년이 되면 우울증이나 불면증에 시달리거나, 번아웃 증후군을 겪으며 "이제는 방법이 없어"라고 신음하게 된다.

아침에 일어나면 자신을 비난하는 목소리가 들려온다는 사람도 있다. 오래도록 자기 존재를 거부하는 세계에서 살아온 것이다.

그런 사람은 보호와 안심을 무조건적으로 추구하며 스스로를 지키려고 애쓸 것이다. 그리고 방어 기제로서 타인을 능가하기를 강박적으로 갈망한다. 사랑받지 않았기 때문에 역설적으로 사랑받고 싶다는 욕구가 매우 강하다. 그런 만큼 열등감도 심하다.

그런 사람은 상대를 가리지 않고 사랑받기를 바란다. 그리고 그 간절한 마음 끝에 남과 자신을 끊임없이 비교하게 되는 것이다.

자신의 존재를 거부하는 세계에서 자란 사람은 남을 능가하는 것이 곧 자기 삶의 과제, 즉 '포괄적 신경증 해결책Comprehensive neurotic solution'이 된다고 굳게 믿는다. 누구보다 우월하지 않으면 인정받지 못했던 과거, 실제로 주위 사람들을 실망시켰던 과거가 그에게는 있다. 주위 사람들의 실망 뒤에는 자신을 향한 적의가 숨어 있었다. 다시 말해 어린 시절부터 남들에게 미움받고 모욕당하며 살아온 것이다.

그런 사람은 당연히 '우리'로서 타인과 어우러져 살아가는 대신 홀로 우월감을 추구하는 길을 택한다. 그 마음은 근본적인 불안감이 되어 그를 더욱 나쁜 쪽으로 몰아간다.

이 근본적인 불안감은 그가 자발적으로 다른 사람과 연결되는 것을 방해한다. 또 내면의 문제에 그치지 않고 타인을 대하는 방식에도 악영향을 끼친다.

심리적으로 건강한 사람은 건강한 인간관계를 맺지만, 심리적으로 병든 사람은 인간관계 또한 병들어 있다. 자신이 심리적으로 건강하지 못하면 주위에도 심리적으로 병든 사람들이 모이는 경향이 있다.

▶▶

부정적 암시에서 벗어나기

매슬로는 "자신의 기쁨보다 타인의 인정을 선택해 온 사람은 결국 기쁨 자체를 느낄 수 없게 된다"고 했는데, 이는 매우 타당한 말이다. 롤로 메이 역시 "외부의 요구에만 따르는 사람은 행복을 얻는 힘을 버리게 된다"고 말했다. 그러므로 순종하면 '착한 아이'라고 부르고, 또 '착한 아이'가 되는 것이 행복과 성공의 조건이라고 가르치는 것은 매우 위험하다.

심리적 문제를 가진 부모에게 순종함으로써 '착한 아이'가 되는 것은 곧 자신을 죽이는 일이다. 심리적으로 병든 부모는 아이에게 순종을 강요한다. 그리고 그 강요는 아이의 인생을 파괴하는 결과로 이어진다.

치료는 자신에게 걸린 부정적 암시를 깨닫는 데서 시작된다.[67]

시버리의 이 말을 다르게 표현하면, 인생은 자신에게 걸린 부정적 암시를 인식하는 데서 시작된다고도 할 수 있다. 요컨대 진짜 인생은 지금까지의 관점을 바꾸는 데서 시작되는 것이다.

순종적인 아이는 자신이 누구인지 알지 못한다. 부모

가 어떤 사람인지도 제대로 알지 못한다. 그저 어린 시절 부모에게 부여받은 '자신을 둘러싼 세상을 보는 관점'을 무비판적으로 믿어버린다. 진정한 인생은 바로 그 관점을 바꾸는 데서 시작된다.

"넌 이런 것도 못하니?" 부모가 내뱉는 적의에 찬 실망의 말에 자신이 얼마나 고통받아 왔는지 깨닫는 시기는, 대체로 노년기에 접어들어 정년퇴직을 하고 경쟁 사회에서 멀어질 때쯤이다. 그러므로 깨달음의 때가 이미 늦어버린 경우가 많다.

자신을 부정하는 인지적 구속에서 해방되는 것이야말로 자기 자신으로 살아가는 길이다. 주위 세상을 바라보는 관점을 바꾸는 것이 자기 인생을 시작하는 길인 것이다.

'이 사람을 따르면 문제없어'라고 생각하며 존경했던 상대가 실은 비겁하고 교활한 거짓말쟁이라는 사실을 깨닫는 것. 자신을 모욕한 사람, 자신에게 파괴적인 메시지를 끊임없이 주입했던 사람이 실은 그렇게 함으로써 간신히 본인을 유지해 왔다는 사실을 깨닫는 것. 그것이 바로 관점을 바꾸는 일이다.

미국 심리학자 마틴 셀리그먼의 말에 따르면 이는 '부정적 인지 세트Negative cognitive set'다.[68] 이 부정적 인지 세트에서 해방되는 것이 곧 마음놓침에서 마음챙김으로 향하는 길이다.

사람은 행복해지기 위해 노력하는데도 어째서 불행해지는가. 그것은 노력의 방식과 방향이 잘못되었기 때문이다. 그리고 어떻게 노력하면 행복해지는지를 가르쳐 주는 것은 다름 아닌 '학문'이다.

학문은 사람들의 차이를 가르쳐 준다. 세상에는 천국에서 태어난 사람과, 지옥에서 태어나 그 후에도 더더욱 가혹한 지옥으로 등 떠밀리는 사람이 있다. 학문은 이 두 사람의 차이를 가르쳐 준다.

그 차이를 알면 자신을 남과 비교하지 않게 된다. 비

교 자체가 어리석게 느껴져서 하지 않는 것이다. 관점을 바꿈으로써 자신이 고유한 존재라는 사실을 깨달을 때 그 사람의 세계는 비로소 넓어진다.

>>

실은 자기 스스로를 책망하고 있다

무언가 숨기는 게 있고 이를 의식하게 되면, 남들의 별 뜻 없는 말이나 행동도 비난으로 받아들이게 된다. 사실 비난의 주체는 자기 자신인데도 말이다.

타인의 마음을 지나치게 억측하는 사람은 대체로 '외부화Externalization'라는 심리 과정을 경험한다.

스스로를 책망하면서도 타인이 나를 비난한다고 생각하고, 스스로에게 화가 났으면서도 타인이 나에게 화를 낸다고 느낀다. 외부화란 그런 것이다.

자책하는 마음을 외부화한 사람은 상대가 감사를 표시할 때조차 자신이 비난당한다고 굳게 믿는다.[69]

카렌 호나이는 자기혐오 끝에 생겨나는 자책에 대해
다음과 같이 말했다.

"본인이 무엇을 하든 간에 모두가 '저 사람은 다른 속셈이 있
어서 그 일을 하는 거야'라고 생각하리라 믿는다."[70]

즉, 남들이 자신의 행동을 두고 '저렇게 친절하게 구
는 건 실은 가까워지려는 수작일 뿐이야'라는 식으로 비
난할 것이라 지레짐작하는 것이다.

이처럼 자책의 화살을 외부로 돌리면 아무도 자신을
믿어주지 않는다고 느낀다. 죄책감이 들 때면 남들이 자신
을 불신한다고 느끼고, 스스로를 책망할 때면 정작 남들은
비난하지 않는데도 비난당한다고 생각한다.

이들은 타인이 별 뜻 없이 한 말에 집착하며 상대가
자신을 탓한다고 여긴다. 그러고는 '난 비난받을 만한 행
동은 전혀 하지 않았는데!'하며 억울해하고 분노한다. 마
치 암담한 1인극을 펼치는 것과 같다.

어느 대학 교수가 불안 장애로 사직했다. 그는 전형적인 마음놓침 상태에 빠져 있던 사람이었다. 이를테면 그는 몸이 안 좋은 날 휴강한다고 학교에 연락한 뒤에도, '이게 사실이라도 다들 분명 내가 게을러서 휴강한다고 생각하겠지'하고 억측했다. 멋대로 상상해 놓고는 '아파서 이렇게 고생하는데, 정말 나쁜 사람들이야'하며 혼자 비참해했다.

혹은 본인이 스스로를 멸시하면서, 자신이 해준 일에 대해 상대가 고마워하지 않을까 봐 불안해했다. 그래서 '내가 이만큼 해줬는데, 저 태도는 뭐야?'하고 상대에게 불만을 가졌다.

실제로 상대는 그에게 감사하고 있었다. 하지만 그 교수는 그렇지 않다고 느꼈다. 불안 장애를 앓는 사람이 감사나 칭찬을 끊임없이 갈구하는 데는 그런 이유가 있다.

스스로에 대한 멸시를 외부화하면 상대가 자신을 멸시하지 않아도 그렇다고 느낀다. 자기 마음속에서 일어나는 일을 마치 외부에서 일어나는 일처럼 느끼는 것이다.

바깥 환경이 어떻게 바뀌든 간에 마음속이 그대로인 이상 그 사람은 불행할 수밖에 없다. 자기 멸시를 외부화하면 상대의 진심 어린 고마움조차 느끼지 못하기 때문이다.

부정적 인지 세트에서 풀려나지 않으면, 다시 말해 관점을 바꾸지 못하면 결코 행복해질 수 없다. 엘렌 랭어의 마음챙김과 마음놓침 이론은 이러한 문제의 해결을 시도하는 중요한 방법론 중 하나다. 마음챙김은 이를 심신의학의 중요한 일부분으로 보고 '어떻게 살아갈 것인가'를 탐구하는 학문이다.

앞으로의 시대에는 아마도 순수한 의학의 영역만으로는 해결하지 못하는 몸과 마음의 아픔이 늘어날 것이다. 그러면 더더욱 몸과 마음을 별개로 생각하는 이원론으로는 문제를 해결할 수 없기에, 심신의학이 절실해지는 시대가 올 것이 틀림없다. 그리고 그 시대에는 분명, 마음챙김이 갈수록 더 필요해질 것이다

이 책에서는 '절망은 극복할 수 있는가'라는 영원한 주제를 다루었다. 어려운 주제지만 오래도록 읽히기를 소망하며 집필했다.

절망을 극복할 수 있는지 없는지는 인생에서 가장 중요한 주제다. '있는 그대로의 자신'을 받아주지 않는 사람들 속에서 자란 이는 삶이 힘겹다. 그들은 왠지 모르게 답답한 마음으로, 삶이 힘겨운 원인조차 밝혀내지 못한 채 애써 살아간다.

어떻게 살면 행복으로 이어지는가? 어떻게 살면 불행으로 이어지는가?

스스로에게 솔직해진다면 이 질문에 대한 답을 찾을 수 있을 것이다. 책에서는 '다양한 각도에서 세상을 바라보자'라는 이야기를 했다.

삶의 길은 지금 당신이 생각하는 것보다 훨씬 많다. 당신이 괴로운 이유는 '살아갈 길이 이것밖에 없어'라고 생각하기 때문이다. '다른 길도 있구나'하고 깨닫는 순간, 비로소 행복의 가능성이 열린다. 관점이 늘어나면, 새로운 길이 보인다.

"괴로워! 힘들어!"라는 말을 입에 달고 사는 사람은 삶의 길이 오직 하나뿐인 줄 안다. 마치 공사 중인 도로를 마주치면 건너편으로 건너갈 방법이 아예 없다고 체념하는 것과 같다.

하지만 새로운 길을 찾으면 활력이 솟아난다. 행복은 가만히 있어도 성큼성큼 다가오는 것이 아니지만, 어려움에 맞서 길을 찾으려 한다면 반드시 도달할 수 있다.

삶의 길이 하나밖에 없다고 생각하는 이유는, 지금

걷고 있는 그 길을 스스로 선택하지 않았기 때문이다. 삶의 방식을 주체적으로 선택하지 않은 것이다.

이런 사람은 온전한 자기 자신으로 살지 않는다. 남들이 이렇게 하라고 하면 그 말대로 산다. 남들이 자신을 이렇게 봐줬으면 하는 타인의 관점으로 살아간다. 그래서 괴로운 것이다.

고민은 마치 '살아 있는 생명체'와 같다고 생각하는 편이 좋다. 우울감, 무기력감, 불쾌함, 초조함 같은 감정은 품 안에 꼭 끌어안고 있으면 점점 더 커진다.

고민을 끌어안고 있는 사람은 늘 어려움으로부터 달아나려 한다. 자기 힘으로는 대처할 수 없다고 생각하며 현실에서 도망친다.

'언젠가는 시간이 해결해 주겠지.'

'누군가가 도와주겠지.'

'분명 어떻게든 될 거야.'

그렇게 다른 사람이나 상황에 의존하며 그 순간만을 모면하려 든다.

그러는 사이에 고민은 점점 더 커져만 간다. 문득 정신을 차리고 보면 어디서부터 손을 대야 할지 알 수 없을 만큼 거대해져 있다. 그리고 도저히 어찌할 수 없는 지경에 이르렀을 때, 깊은 절망감을 맛본다. 그제야 다른 사람을 원망하고 자신의 인생을 한탄하게 되는 것이다.

다시 말하지만 고민은 살아 있다. 내버려 두면 걷잡을 수 없이 커진다. 지나치게 비대해지기 전에 관점을 늘려서, 자기 힘으로 확실하게 처리해야 한다.

세상을 보는 관점이 바뀌면 자신을 둘러싼 모든 풍경이 다르게 보인다.

지금 고민에 빠져 괴로워하는 사람은, 혹시 수십 년 동안 똑같은 관점으로 인생과 세상을 바라보고 있는 것은 아닐까? 자신을 둘러싼 환경은 시시각각 변하는데도 낡은 관점을 고집하고 있는 것은 아닐까?

나는 반세기에 걸친 오랜 친구인 엘렌 랭어가 제창한

‘마음챙김‘이라는 주제를, ‘얽매인 마음에서 해방되는 삶’으로 받아들여 깊이 탐구해 왔다. 앞으로는 분명 지금보다 더더욱 살아가기 힘든 시대가 될 것이다. 그런 어려운 시대를 살아갈 사람들이 이 책을 읽고, 절망 속에서도 다시 일어설 수 있는 ‘마음챙김의 삶’을 영위하기를 진심으로 바란다.

끝으로 이 책을 펴내기까지 많은 도움을 준 PHP연구소의 오쿠보 다쓰야 씨, 야마구치 다케시 씨에게 감사의 마음을 전한다. 긴 시간 동안 마음을 다해 애써주신 점에 깊이 감사드린다.

미주

1 Karen Horney, The Neurotic Personality of Our Time, W. W. Norton & Company, Inc., 1964, p.187

2 『시대정신의 심리학(時代精神の病理学)』, 프랭클 저작집 3, 미야모토 다다오 옮김, 미스즈쇼보, 1961년 5월 15일, 206쪽

3 David Seabury, How to Worry Successfully, Blue Ribbon Books: New York, 1936, 가토 다이조 옮김, 『마음의 고민이 사라지다(心の悩みがとれる)』, 미카사쇼보, 1983년 2월 10일

4 Daniel Goleman, Emotional Intelligence, Bantam Books, 1995, p.48

5 Lawrence A.Pervin, Personality John Wiley & Sons, Inc., 1970

6 앞의 책, p.197

7 Abraham H. Maslow, Toward A Psychology Of Being, 우에다 요시카즈 옮김, 『완전한 인간(完全なる人間)』, 세이신쇼보, 1964년 6월 10일, 80쪽

8 Hubertus Tellenbach, MELANCHOLIE, Springer-Verlag. 1961, 기무라 빈 옮김, 『멜랑콜리(メランコリー)』, 미스즈쇼보, 1978, 123쪽

9 앞의 책, 123쪽

10 앞의 책, 294쪽

11 George Weinberg, The Pliant Animal, 1981, Martin's Press Inc., New York, 가토 다이조 옮김, 『플라이언트 애니멀』, 미카사쇼보, 1981년 11월 10일, 121쪽

12 앞의 책, 121쪽

13 Ellen J. Langer, Mindfulness, Da Capo Press, 1989, 가토 다이조 옮김, 『마음의 '얽매임'에 안녕을 고하는 심리학』, PHP연구소, 2009년 10월 2일, 106~107쪽

14 앞의 책, 97쪽

15 Stephen R. Covey, The 7 Habits of Highly Effective People, A Fireside Book, 1989, p.31

16 Ellen J. Langer, Mindfulness, Da Capo Press, 1989, 가토 다이조 옮김, 『마음의 '얽매임'에 안녕을 고하는 심리학』, PHP연구소, 2009년 10월 2일, 81~82쪽

17 Wladyslaw Tatarkiewicz, Analysis of Happiness, 가토 다이조 옮김, 『이렇게 생각하면 사는 게 즐거워진다(こう考えると生きることが嬉しくなる)』, 미카사쇼보, 1991년 8월 15일, 24쪽

18 앞의 책, 25쪽

19 He was so caring towards everybody. He was special.

20 Kathleen Stassen Berger, The Developing Person Through the Life Span. Worth Publishers, Inc., 1988, p.385

21 Rollo May, The Meaning of Anxiety, W. W. Norton & Company, Inc., 1977, 오노 다이하쿠 옮김, 『불안의 인간학(不安の人間学)』, 세이신쇼보, 1963년 7월 25일, 127쪽

22 앞의 책, 128쪽

23 앞의 책, 119쪽

24 Mind/Body Medicine,/edited by Daniel Goleman, Ph.D., and Joel Gurin. Consumer Union, 1993

25 Nicholas A. Cumming, Ph.D., Somatization: When Physical Symptoms Have No Medical Cause, Mind/Body Medicine,/edited by Daniel Goleman, Ph.D., and Joel Gurin. Consumer Union, 1993, p.5

26 Ellen J. Langer, Mindfulness, Da Capo Press, 1989, 가토 다이조 옮김, 『마음의 '얽매임'에 안녕을 고하는 심리학』, PHP연구소, 2009년 10월 2일, 253~254쪽

27 Daniel Goleman, Emotional Intelligence, Bantam Books, 1995, p.48

28 Alfred Adler: As We Remember Him, 가키우치 구니히로 외 옮김, 『아들러의 추억(アドラーの思い出)』, 소겐샤, 2007년 6월 20일, 20쪽

29 Phyllis Bottome, Alfred Adler A Biography, G. P. Putnam's Sons. New York. 1936. p.150

30 I can get on beautifully without that right arm. I have a better job than before I lost it.

31 I am helpless without my right arm. I cannot work; marriage is out of question for me; I am a log of wood-not a man!

32 Ellen J. Langer, Mindfulness, Da Capo Press, 1989, 가토 다이조 옮김, 『마음의 '얽매임'에 안녕을 고하는 심리학』, PHP연구소, 2009년 10월 2일

33 카를 힐티, 『행복론 2(幸福論 「二」)』, 사이토 에이지 옮김, 하쿠스이샤, 1980년 4월 25일, 122쪽

34 Wladyslaw Tatarkiewicz, Analysis of Happiness, 가토 다이조 옮김, 『이렇게 생각하면 사는 게 즐거워진다』, 미카사쇼보, 1991년 8월 15일, 112쪽

35 Cialdini, R.B. Influence:Science and Practice. 4th ed. Allyn & Bacon, 사회행동연구회 옮김, 『영향력의 무기(影響力の武器)』, 세이신쇼보, 2007년 8월 31일, 189쪽

36 Dov Shmotkin, Tel Aviv University, Happiness in the Face of Adversity: Reformulating the Dynamic and Modular Bases of Subjective Well-Being, Review of General Psychology Copyright 2005 by the Educational Publishing Foundation, 2005

37 Martin Seligman, Helplessness, W.H. Freeman and Company, 1975, 히라이 히사시, 기무라 슌 감역, 『우울증의 행동학(うつ病の行動学)』, 세이신쇼보, 1985년

38 Ellen J. Langer, Mindfulness, Da Capo Press, 1989, 가토 다이조 옮김, 『마음의 '얽매임'에 안녕을 고하는 심리학』, PHP연구소, 2009년 10월 2일, 253쪽

39 Karen Horney, The Neurotic Personality of Our Time, W. W. Norton & Company, 1964, p.191

40 Daniel Goleman and Joel Gurin, What is Mind/Body Medicine?, Mind/Body Medicine, Consumer Reports Books, 1993, p.3

41 Nicholas A. Cumming, Ph.D., Somatization: When Physical Symptoms Have No Medical Cause, Mind/Body Medicine, /edited by Caniel Goleman, Ph.D., and Joel Gurin. Consumer Union, 1993, p.3

42 Hebert N. Casson, Thirteen Tips on Luck, B.C. Forbes Publishing Co., N.Y., 1929

43 David Seabury, How to Worry Successfully, Blue Ribbon Books: New York, 1936, 가토 다이조 옮김, 『마음의 고민이 사라지다』, 미카사쇼보, 1983년 2월 10일, 213쪽

44 앞의 책, 217쪽

45 앞의 책, 200쪽

46 Ellen J. Langer, Mindfulness, Da Capo Press, 1989, 가토 다이조 옮김, 『마음의 '얽매임'에 안녕을 고하는 심리학』, PHP연구소, 2009년 10월 2일

47 final lecture. Karen Horney

48 Rollo May, The Meaning of Anxiety, W. W. Norton & Company, Inc.,1977, 오노 다이하쿠 옮김, 『불안의 인간학』, 세이신쇼보, 1963년 7월 25일, 41쪽

49 David Seabury, How to Worry Successfully, Blue Ribbon Books: New York, 1936, 가토 다이조 옮김, 『마음의 고민이 풀리다(心の悩みがとれる)』, 미카사쇼보, 1983년 2월 10일, 150쪽

50 Ellen J. Langer, Mindfulness, Da Capo Press, 1989, 가토 다이조 옮김, 『마음의 '얽매임'에 안녕을 고하는 심리학』, PHP연구소, 2009년 10월 2일

51 다카기 사다유키, 『뇌를 키운다(脳を育てる)』, 이와나미쇼텐, 1996년, 47쪽

52 Daniel Goleman, Emotional Intelligence, Bantam Books, 1995, 쓰치야 교코 옮김, 『EQ』, 고단샤, 1996년 7월 24일, 94쪽

53 George Weinberg, The Pliant Animal, 1981, Martin's Press, Inc., New York, 가토 다이조 옮김, 『플라이언트 애니멀』, 미카사쇼보, 1981년 11월 10일, 94~95쪽

54 앞의 책, 94쪽

55 오키 고스케, 『사람의 마음은 뇌의 이곳에 있다(ヒトの心は脳のここにある)』, 가와데쇼보신샤, 1996년, 65쪽

56 Rollo May, The Meaning of Anxiety, W. W. Norton & Company, Inc., 1977, 오노 다이하쿠 옮김, 『불안의 인간학』, 세이신쇼보, 1963년 7월 25일, 65~66쪽

57 앞의 책, 67쪽

58 앞의 책, 68쪽

59 앞의 책, 66쪽

60 Mind/BodyMedicine,/edited by Daniel Goleman, Ph.D., and Joel Gurin.
Consumer Union, 1993, p.7-p.8

61 앞의 책, p.17

62 앞의 책, p.8

63 앞의 책, p.9

64 Karen Horney, Neurosis and Human Growth, W. W. Norton & Company,
Inc., 1950, p.136

65 Martin Seligman, Helplessness, W. H. Freeman and Company, 1975, 히라
이 히사시·기무라 슌 감역, 『우울증의 행동학』, 세이신쇼보, 1985년, 35쪽

66 David Seabury, Stop Being Afraid, Science of Mind Publications, Los
Angeles,1965, 가토 다이조 옮김, 『문제는 해결할 수 있다(問題は解決できる)』, 미
카사쇼보, 1984년 3월 20일, 157쪽

67 앞의 책, 157쪽

68 Martin Seligman, Helplessness, W. H. Freeman and Company, 1975

69 The most general disturbance on this score is hyper sensitivity to criticism,
Karen Horney, Neurosis and Human Growth, W. W. Norton & Company,
Inc., 1950, p.81

70 If he externalized the self-accusations he may feel that everybody is
imputing ult erior motives to everything he does. ibid, p.129

절망에서 빠져나오는 심리학

초판 1쇄 발행　2026년 2월 23일

지은이　가토 다이조

옮긴이　이지수

펴낸이　안종만·안상준

편집 총괄　장혜원

디자인　전혜진

제작　고철민·김원표

펴낸곳　(주)박영사

등록　1959년 3월 11일 제300-1959-1호(倫)

주소　서울시 금천구 가산디지털2로 53, 210호(가산동, 한라시그마밸리)

전화　02-733-6771　　　　**팩스**　02-736-4818

이메일　inbook@pybook.co.kr　　**홈페이지**　www.pybook.co.kr

ISBN　979-11-303-9652-1 03180

표지이미지　Profil de femme, Henri Matisse